Prüfungstraining

Goethe-Zertifikat A2
Fit in Deutsch

von Melina Bellou, Spiros Koukidis
und Marialena Krämer

 Audios online verfügbar unter
go.cornelsen.de. **Code: vodofi**

Impressum

**Prüfungstraining
Goethe-Zertifikat A2 Fit in Deutsch**

Im Auftrag des Verlages erarbeitet von Melina Bellou (Hören und Lesen), Marialena Krämer (Schreiben und Sprechen) und Spiros Koukidis (Vorstellung der Prüfung, Tipps und Training)

Lektorat: Katrin Rebitzki

Illustrationen: Efthimios Malafouris
Umschlaggestaltung: hawemannundmosch, Konzeption und Gestaltung, Berlin
Layout und technische Umsetzung: Andrea Päch (MeGA14), Berlin

www.cornelsen.de

Die Webseiten Dritter, deren Internetadressen in diesem Lehrwerk angegeben sind, wurden vor Drucklegung sorgfältig geprüft. Der Verlag übernimmt keine Gewähr für die Aktualität und den Inhalt dieser Seiten oder solcher, die mit ihnen verlinkt sind.

1. Auflage, 3. Druck 2025

Alle Drucke dieser Auflage sind inhaltlich unverändert und können im Unterricht nebeneinander verwendet werden.

© 2021 Cornelsen Verlag GmbH, Mecklenburgische Str. 53, 14197 Berlin, E-Mail: service@cornelsen.de

Das Werk und seine Teile sind urheberrechtlich geschützt.
Jede Nutzung in anderen als den gesetzlich zugelassenen Fällen bedarf der vorherigen schriftlichen Einwilligung des Verlages.
Hinweis zu §§ 60a, 60b UrhG: Weder das Werk noch seine Teile dürfen ohne eine solche Einwilligung an Schulen oder in Unterrichts- und Lehrmedien (§ 60b Abs. 3 UrhG) vervielfältigt, insbesondere kopiert oder eingescannt, verbreitet oder in ein Netzwerk eingestellt oder sonst öffentlich zugänglich gemacht oder wiedergegeben werden. Dies gilt auch für Intranets von Schulen und anderen Bildungseinrichtungen.

Der Anbieter behält sich eine Nutzung der Inhalte für Text- und Data-Mining im Sinne § 44b UrhG ausdrücklich vor.

Druck: AZ Druck und Datentechnik GmbH, Kempten

ISBN 978-3-06-121261-2

Vorwort

Die Prüfung *Goethe-Zertifikat A2 Fit in Deutsch* ist eine Sprachprüfung für Kinder und Jugendliche zwischen 12 und 16 Jahren, die das Niveau A2 abgeschlossen haben.

Die Prüfung *Goethe-Zertifikat A2 Fit in Deutsch* hat zwei Teile:

eine schriftliche Einzelprüfung   Zeit: 90 Minuten

mit den Teilen:

- Lesen   Zeit: 30 Minuten
- Hören   Zeit: 30 Minuten
- Schreiben   Zeit: 30 Minuten

und eine mündliche Gruppenprüfung   Zeit: 15 Minuten

In diesem Buch möchten wir die Prüfung *Goethe-Zertifikat A2 Fit in Deutsch* vorstellen und nützliche Tipps geben. Im ersten Teil des Prüfungstrainings stellen wir anhand des Modelltests 1 die vier Prüfungsteile Lesen, Hören, Schreiben und Sprechen vor. Zu jedem Teil gibt es Tipps für die Prüfung und eine empfohlene Strategie.

Fünf weitere Modelltests bieten den Lernenden die Möglichkeit, sich durch intensives Üben optimal auf die Prüfung vorzubereiten.

Die Audio-Dateien zum Prüfungsteil Hören, die Lösungen der Tests und der Trainingsseiten sowie die Transkription der Hörtexte stehen online zum Download zur Verfügung. Den dafür notwendigen Webcode findet man hier in diesem Buch auf Seite 1.

Viel Spaß bei der Vorbereitung und viel Erfolg in der Prüfung
wünschen Autor*innen und Verlag!

Inhalt

Prüfungstraining Goethe-Zertifikat A2 Fit in Deutsch: Überblick ... 6

1 Modelltest 1 – Schritt für Schritt

Lesen	Übersicht	7
Teil 1	Aufgabenformat und Strategie	8
	Training	9
	Aufgaben	10
Teil 2	Aufgabenformat und Strategie	12
	Training	13
	Aufgaben	14
Teil 3	Aufgabenformat und Strategie	16
	Training	17
	Aufgaben	18
Teil 4	Aufgabenformat und Strategie	20
	Training	21
	Aufgaben	22
Hören	Übersicht	24
Teil 1	Aufgabenformat und Strategie	25
	Training	26
	Aufgaben	27
Teil 2	Aufgabenformat und Strategie	28
	Training	29
	Aufgaben	30
Teil 3	Aufgabenformat und Strategie	31
	Training	32
	Aufgaben	33
Teil 4	Aufgabenformat und Strategie	34
	Training	35
	Aufgaben	36
Schreiben	Übersicht	37
Teil 1	Aufgabenformat und Strategie	38
	Training	39
Teil 2	Aufgabenformat und Strategie	40
	Training	41
Sprechen	Übersicht	42
Teil 1	Aufgabenformat und Strategie	43
	Aufgaben	44
	Training	45
Teil 2	Aufgabenformat und Strategie	46
	Aufgaben	47
	Training	48
Teil 3	Aufgabenformat und Strategie	49
	Aufgaben	50
	Redemittel und Training	51

Inhalt

2	Modelltest 2	52
3	Modelltest 3	70
4	Modelltest 4	88
5	Modelltest 5	106
6	Modelltest 6	124
A	Anhang	
	Antwortbogen Lesen und Hören	142
	Antwortbogen Schreiben	143

Die Prüfung im Überblick

Die Prüfung *Goethe-Zertifikat A2 Fit in Deutsch* im Überblick

Diese Prüfung ist für Lerner*innen zwischen 12 und 16 Jahren gedacht, die das Niveau A2 erfolgreich abgeschlossen haben. Themen und Aufgaben orientieren sich an der Lebenswelt von Jugendlichen. Die Prüfung besteht aus einem schriftlichen und einem mündlichen Teil und ist wie folgt aufgebaut:

	Teil	Aufgaben	Dauer	Punkte
Schriftliche Prüfung	LESEN	4	30 Minuten	25
	HÖREN	4	30 Minuten	25
	SCHREIBEN	2	30 Minuten	25
Mündliche Prüfung	SPRECHEN	3	15 Minuten	25
Total		13	105 Minuten	100

Die Prüfung wird als Ganzes, d.h. schriftlich *und* mündlich, abgelegt – und kann als Ganzes beliebig oft wiederholt werden. In Ausnahmefällen kann, falls ein*e Kandidat*in nur die schriftliche oder nur die mündliche Prüfung bestanden hat, innerhalb eines Jahres und am selben Prüfungszentrum eine Wiederholungsprüfung des nicht bestandenen Teils stattfinden.

Errechnung der Punktzahl in den Prüfungsteilen

Hören	$20 \times 1{,}25 = 25$
Lesen	$20 \times 1{,}25 = 25$
Schreiben	$20 \times 1{,}25 = 25$
Sprechen	25

In jedem Teil kann man 25 Punkte bekommen, d.h. alle Teile sind gleich wichtig.

Die in den einzelnen Prüfungsteilen erzielten Punkte werden addiert und ergeben die Gesamtpunktzahl. Das Gesamtergebnis wird auf volle Punkte aufgerundet. Die Prüfung gilt als bestanden, wenn mindestens 60 % der Maximalpunktzahl erreicht wurden. So gilt der schriftliche Teil der Prüfung als bestanden, wenn mindestens 45 von insgesamt 75 Punkten erreicht wurden. Dabei spielt es keine Rolle, wie viele Punkte man in jedem einzelnen Teil bekommen hat. Um den mündlichen Teil zu bestehen, müssen entsprechend 15 von 25 Punkten erreicht sein.

Gesamtpunktzahl	Prädikat
100–90	Sehr gut
89–80	Gut
79–70	Befriedigend
69–60	Ausreichend
59–0	Nicht bestanden

Wichtige Hinweise

Für die schriftliche Prüfung hast du insgesamt 90 Minuten Zeit. Die vorgesehene Reihenfolge (Lesen – Hören – Schreiben) kann aus organisatorischen Gründen geändert werden.

Du musst die gesamte Prüfungszeit im Prüfungsraum bleiben, auch wenn du früher fertig bist. Nutze diese Zeit und überprüfe noch einmal deine Lösungen und den Text im Teil **Schreiben** auf dem Antwortbogen! Hilfsmittel wie Wörterbücher oder Mobiltelefone sind nicht erlaubt.

Lesen

Übersicht

Lesen: Übersicht

Der Prüfungsteil **Lesen** besteht aus vier Teilen.

	Textsorte	Anzahl der Items und Aufgabentyp	Punkte	Zeit
Teil 1	Artikel in einer Zeitschrift	5 Multiple-Choice-Aufgaben	5	insgesamt 30 Minuten
Teil 2	Informationstafel, Programm o. Ä.	5 Multiple-Choice-Aufgaben	5	
Teil 3	Persönliche E-Mail	5 Multiple-Choice-Aufgaben	5	
Teil 4	Anzeigen	5 Zuordnungsaufgaben	5	
Gesamt		20 Aufgaben	20 Punkte	

Zeit

Du hast für das Modul **Lesen** in der Prüfung 30 Minuten Zeit. Du kannst selbst entscheiden, in welcher Reihenfolge du die vier Aufgaben bearbeiten möchtest. Du hast ungefähr sieben Minuten Zeit für jeden Teil.

Punkte

Für jede richtige Antwort bekommst du 1 Punkt, d. h. alle Aufgaben sind gleich wichtig. Am Ende wird die Gesamtpunktzahl mit 1,25 multipliziert. Im Modul **Lesen** bekommst du also maximal 25 Punkte, das sind 25 % der Gesamtpunktzahl.

Tipps

Denk daran: Was du in den Aufgaben zum Text liest, ist nicht Wort für Wort dasselbe, was im Text steht. Aber die Bedeutung ist die gleiche. Du musst nach ähnlichen Wörtern suchen und auch lernen, „zwischen den Zeilen" zu lesen.

Notiere deine Antworten zuerst auf dem Aufgabenblatt. Wenn du nicht ganz sicher bist, kannst du ein Fragezeichen schreiben. Wenn du fertig bist, übertrage deine Lösungen auf den Antwortbogen (S. 142). Dafür gibt es keine extra Zeit. Arbeite sorgfältig und achte auf die richtige Reihenfolge von deinen Antworten!

1 Lesen

Teil 1: Aufgabenformat und Strategie

Lesen Teil 1: Aufgabenformat und Strategie

Aufgabenformat

In diesem Teil bekommst du einen mittellangen Text aus einer Jugendzeitschrift und dazu fünf Multiple-Choice-Aufgaben mit jeweils drei möglichen Antworten (a, b oder c). Du sollst die richtige Antwort ankreuzen und so zeigen, dass du die wichtigsten Informationen im Text verstehst. Am Anfang steht ein Beispiel.

Die Aufgaben folgen der Reihenfolge im Text.

Strategie

1. Lies den ganzen Text einmal schnell durch. So bekommst du eine Idee vom Inhalt.

2. Lies das Beispiel und markiere die Schlüsselwörter (= wichtige Wörter). Schau dir die Lösung an und markiere die richtige Stelle im Text.

3. Lies Aufgabe 1 und markiere auch hier die Schlüsselwörter. Suche die passende Stelle im Text. Vergleiche die drei Antwortmöglichkeiten mit dem Text und kreuze die richtige Lösung an.

4. Wiederhole Schritt 3 mit den restlichen Aufgaben (2 bis 5).

Lesen

Teil 1: Training

Lesen Teil 1: Training

1   Wir lesen zuerst das Beispiel und markieren die Schlüsselwörter.

   0   In LUDIMUS kann man …

   |a| kochen lernen.
   |b| Reisen organisieren.
   |c| Sprachen lernen.

2   Lies jetzt den Text bis zu der Stelle, wo das Beispiel steht.

> Lust eine Sprache zu lernen, aber überhaupt keine Lust auf Stress? Mit Kochrezepten im Unterricht und der Möglichkeit, die gelernte Sprache auf Reisen aktiv zu üben? Dann ist LUDIMUS das Richtige für dich!
> **In LUDIMUS lernt man Sprachen KREATIV**
> …

3   Nun unterstreiche im Text:

   • alles, was mit Antwort a zu tun hat, mit **Rot**.
   • alles, was mit Antwort b zu tun hat, mit **Blau**.
   • alles, was mit Antwort c zu tun hat, mit **Grün**.

4   Überlege:

   a) Warum ist Antwort a falsch?
   b) Warum ist Antwort b falsch?
   c) Warum ist Antwort c richtig?

5   Sieh dir nun Aufgabe 1 an.

   1   Die Lehrerinnen und Lehrer …

   |a| geben keine Hausaufgaben auf.
   |b| sind sehr jung und neu im Beruf.
   |c| sprechen alle mindestens drei Sprachen.

Markiere die Schlüsselwörter, lies im Text weiter, finde die passende Stelle, vergleiche a, b und c mit dem Text und finde die richtige Lösung:

> Übungen, Hausarbeiten und Tests? Nicht bei uns! Alle, die bei uns unterrichten, bringen viel Erfahrung mit und sind auch sehr kreativ. Wir lernen Spanisch, Französisch und Italienisch mit Kunst, Filmen, Liedern und Kochrezepten. Wir haben beim Sprachenlernen, so wie Kinder beim Spielen, einfach nur Spaß. Kurse für Jugendliche ab 15 und für Erwachsene.

Lesen Teil 1

Du liest in einer Zeitung diesen Text.

Wähle für die Aufgaben 1 bis 5 die richtige Lösung a, b oder c.

Lust eine Sprache zu lernen, aber überhaupt keine Lust auf Stress? Mit Kochrezepten im Unterricht und der Möglichkeit, die gelernte Sprache auf Reisen aktiv zu üben? Dann ist LUDIMUS das Richtige für dich!

In LUDIMUS lernt man Sprachen KREATIV

Übungen, Hausarbeiten und Tests? Nicht bei uns! Alle, die bei uns unterrichten, bringen viel Erfahrung mit und sind auch sehr kreativ. Wir lernen Spanisch, Französisch und Italienisch mit Kunst, Filmen, Liedern und sogar Kochrezepten. Wir haben beim Sprachenlernen, so wie Kinder beim Spielen, einfach nur Spaß. Kurse für Jugendliche ab 15 und für Erwachsene.

Wo?

Unsere Schule hat große, moderne Räume. Bei gutem Wetter finden die Kurse sogar in unserem Garten statt. Die Gruppen sind schön klein, nicht mehr als 8 Personen. Die Kurse laufen jedes Jahr bis Ende Mai.
Informiert euch auf unserer Webseite über die Kurse, die Einschreibungen und die Preise und seht in unserer tollen Fotosammlung, wie viel Spaß der Unterricht bei uns macht.

Wir reisen und entdecken Land und Sprache

Alle zwei Jahre reisen wir mit unseren Schülern und Schülerinnen in europäische Städte, wo wir unsere Fremdsprachenkenntnisse auch benutzen und gemeinsam eine tolle Zeit verbringen! Unsere nächsten Reiseziele: Lanzarote, Palermo und Marseille.

Lesen

Teil 1: Aufgaben

Lesen Teil 1

Beispiel

0   In LUDIMUS kann man …

   a   kochen lernen.
   b   Reisen organisieren.
   ☒   Sprachen lernen.

1   Die Lehrerinnen und Lehrer …

   a   geben keine Hausaufgaben auf.
   b   sind sehr jung und neu im Beruf.
   c   sprechen alle mindestens drei Sprachen.

2   Zu LUDIMUS kommen …

   a   Jugendliche und Erwachsene, die Deutsch lernen möchten.
   b   Kinder, die Hausaufgaben langweilig finden.
   c   Leute, die Unterricht ohne Stress machen wollen.

3   Die Kurse …

   a   beginnen Ende Mai.
   b   finden bei schlechtem Wetter nicht statt.
   c   finden drinnen oder draußen statt.

4   Auf der Webseite …

   a   bekommt man wichtige Informationen zu den Kursen.
   b   gibt es auch Online-Kurse.
   c   gibt es keine Fotos.

5   Die Schülerinnen und Schüler …

   a   können auf Reisen Spanisch, Italienisch oder Französisch sprechen.
   b   lernen alle zwei Jahre eine neue Sprache.
   c   machen jedes Jahr eine Reise.

Lesen

Teil 2: Aufgabenformat und Strategie

Lesen Teil 2: Aufgabenformat und Strategie

Aufgabenformat

In diesem Teil bekommst du einen Text in Form einer Tabelle / eines Katalogs. Zu dem Text gibt es wieder fünf Multiple-Choice-Aufgaben mit drei möglichen Antworten (a, b oder c). Du sollst die richtige Antwort ankreuzen und so zeigen, dass du die passende Information im Text finden kannst. Auch hier steht am Anfang ein Beispiel.

Beachte bitte Folgendes:
a) Bei den Aufgaben gibt es keine chronologische Reihenfolge, du musst dich bei jeder Aufgabe neu orientieren.
b) Die Lösung c heißt immer „anderer Stock" / „andere Uhrzeit" / „anderes Kino" etc. Diese Lösung ist *mindestens einmal* richtig!

Strategie

1 Lies den ganzen Text einmal schnell durch. So bekommst du eine Idee vom Inhalt.

2 Lies das Beispiel, markiere das Schlüsselwort, vergleiche mit dem Text und bestätige die Lösung.

3 Lies die erste Aufgabe (6), markiere das Schlüsselwort und lies dann die Abschnitte zu Lösung a und b. Aufgepasst: Die Lösung ist immer im Text enthalten! Wenn du sie in den Abschnitten zu a oder b nicht findest, dann steht sie woanders im Text (Lösung c). Suche zur Sicherheit die entsprechende Stelle im Text!

4 Wiederhole Schritt 3 mit den restlichen Aufgaben (7 bis 10). Denk daran: Lösung c ist mindestens einmal richtig!

Lesen

Teil 2: Training

Lesen Teil 2: Training

1 **Mach dir zuerst klar, wie dieser Teil aufgebaut ist. Es werden fünf Orte genannt. Überlege: Welche Aktivität passt zu welchem Ort?**

Strand-Zelt – Märchen-Zelt – Kunst-Zelt – Imbiss-Zelt – Fitness-Zelt

Du möchtest eine Wand hochklettern. _____

Du möchtest einen Burger essen. _____

Du möchtest ein Märchen schreiben. _____

Du möchtest etwas basteln. _____

Du möchtest Strandtennis spielen. _____

2 **Lies jetzt das Beispiel und notiere das Schlüsselwort.**

0   Du möchtest Fisch essen.

   a Strand-Zelt
   b Imbiss-Zelt
   c anderer Ort

   Das Schlüsselwort ist: _____

3 **Lies nun die Texte zu den Antworten a und b und markiere alles, was mit dem Schlüsselwort zu tun hat. Notiere dann die Lösung.**

Strand-Zelt
Fotoausstellung „Meer und Sonne"
10.00–12.00   Workshop „Sicher am Strand und im Wasser": Die besten Tipps für den Urlaub!
12.30–18.00   Rhythmische Live-Musik von verschiedenen Bands: Tanz ohne Schuhe im Sand!
18.30–20.00   Strandtennis-Turnier: Gewinne ein Strandtennis-Set!

Imbiss-Zelt
Warme und kalte Getränke
Rohkost: Obst und Gemüse
Grillecke: gegrillter Fisch, gegrilltes Fleisch und Gemüse
Pizza und Burger
Eis

Die Lösung ist: _____

Lesen

Teil 2: Aufgaben

Lesen Teil 2

Du bist auf einer Veranstaltung und liest das Programm.

Lies die Aufgaben 6 bis 10 und den Text.
Welcher Ort passt?

Wähle die richtige Lösung a, b oder c.

Beispiel

0   Du möchtest Fisch essen.

   a   Strand-Zelt
   ☒   Imbiss-Zelt
   c   anderer Ort

6   Du möchtest mal wieder ein Theaterstück sehen.

   a   Kunst-Zelt
   b   Märchen-Zelt
   c   anderer Ort

7   Du möchtest dich auf den Urlaub am Meer vorbereiten und brauchst Ideen dafür.

   a   Imbiss-Zelt
   b   Kunst-Zelt
   c   anderer Ort

8   Du möchtest für dein Zimmer ein Foto von dir und deinen Freunden.

   a   Kunst-Zelt
   b   Strand-Zelt
   c   anderer Ort

9   Du willst einen Saft trinken.

   a   Fitness-Zelt
   b   Märchen-Zelt
   c   anderer Ort

10   Du möchtest einen Tanzkurs besuchen.

   a   Fitness-Zelt
   b   Strand-Zelt
   c   anderer Ort

Lesen

Teil 2: Aufgaben

Lesen Teil 2

Sommerfest im Tal 27. – 30. Juli

Strand-Zelt

Fotoausstellung „Meer und Sonne"

10.00–12.00	Workshop „Sicher am Strand und im Wasser": Die besten Tipps für den Urlaub!
12.30–18.00	Rhythmische Live-Musik von verschiedenen Bands: Tanz ohne Schuhe im Sand!
18.30–20.00	Strandtennis-Turnier: Gewinne ein Strandtennis-Set!

Märchen-Zelt

10.00–12.00	Die schönsten „Unter-Wasser-Erzählungen"
12.30–15.00	Kreatives Schreiben: „Rotkäppchen und der böse Wolf" oder vielleicht „Grünkäppchen und der liebe Wolf"?
15.30–17.00	Theatervorführungen: „Der Löwe und das Mäuschen" und andere Geschichten
17.30–20.00	Workshop „Die Sonne in mir": Der kleine Fisch Freudich erzählt uns seine Geschichte und zeigt uns den Weg zum Glück.

Kunst-Zelt

10.00–12.00	Dein Sommer auf Papier: Male dein eigenes Bild!
12.30–15.00	Strand-Bastelgruppe: Wir basteln mit Steinen, Holz und Sand!
15.30–17.00	Projekt „Mein Poster": Das lustigste Foto von dir und deiner Familie oder deinen Freunden als Poster!
17.30–20.00	Workshop Kleidung: Hier kannst du dein langweiliges T-Shirt und deine langweilige Hose verschönern! Dazu brauchst du nur eine Schere und Fantasie!

Imbiss-Zelt

Warme und kalte Getränke
Rohkost: Obst und Gemüse
Grillecke: gegrillter Fisch, gegrilltes Fleisch und Gemüse
Pizza und Burger
Eis

Fitness-Zelt

Spielecke für die Kleinen (zwei bis fünf Jahre)
Kletterwand
Wir lernen Hip-Hop tanzen (auch für Anfänger)

Lesen

Lesen Teil 3: Aufgabenformat und Strategie

Aufgabenformat

In diesem Teil bekommst du eine mittellange persönliche E-Mail. Dazu gibt es wieder fünf Multiple-Choice-Aufgaben mit jeweils drei möglichen Antworten (a, b oder c). Du sollst die richtige Antwort ankreuzen und so zeigen, dass du die wichtigsten Punkte im Text verstehst.

Die Aufgaben folgen der chronologischen Reihenfolge des Textes. Es gibt kein Beispiel.

Strategie

1. Lies den ganzen Text einmal schnell durch. So bekommst du eine Idee vom Inhalt.

2. Lies die erste Aufgabe (11) aufmerksam durch und markiere die Schlüsselwörter. Lies dann die E-Mail, bis du die passende Stelle findest, vergleiche die drei Antwortmöglichkeiten a, b und c mit dem Text und kreuze die richtige Lösung an.

3. Wiederhole Schritt 2 mit den restlichen Aufgaben (12 bis 15).

Lesen Teil 3: Training

1 Das Wichtigste in einer solchen Aufgabe sind die Fragen. Jede Frage bezieht sich auf einen Abschnitt der E-Mail. Lies die Fragen und markiere in jeder Frage das Schlüsselwort / die Schlüsselwörter.

11 Warum war Mira nicht auf der Party?

12 Worüber freut sich Elsa?

13 Was findet Elsa am Computer besonders gut?

14 Was schreibt Elsa über die Fotos?

15 Was schlägt Elsa vor?

2 Kannst du jetzt mithilfe der Fragen und der Schlüsselwörter die richtige Reihenfolge der fünf Textabschnitte finden? Lies dazu die einzelnen Abschnitte und markiere die Stellen, wo über die einzelnen Fragen gesprochen wird. Notiere dann links, welche die richtige Reihenfolge (A bis E) ist.

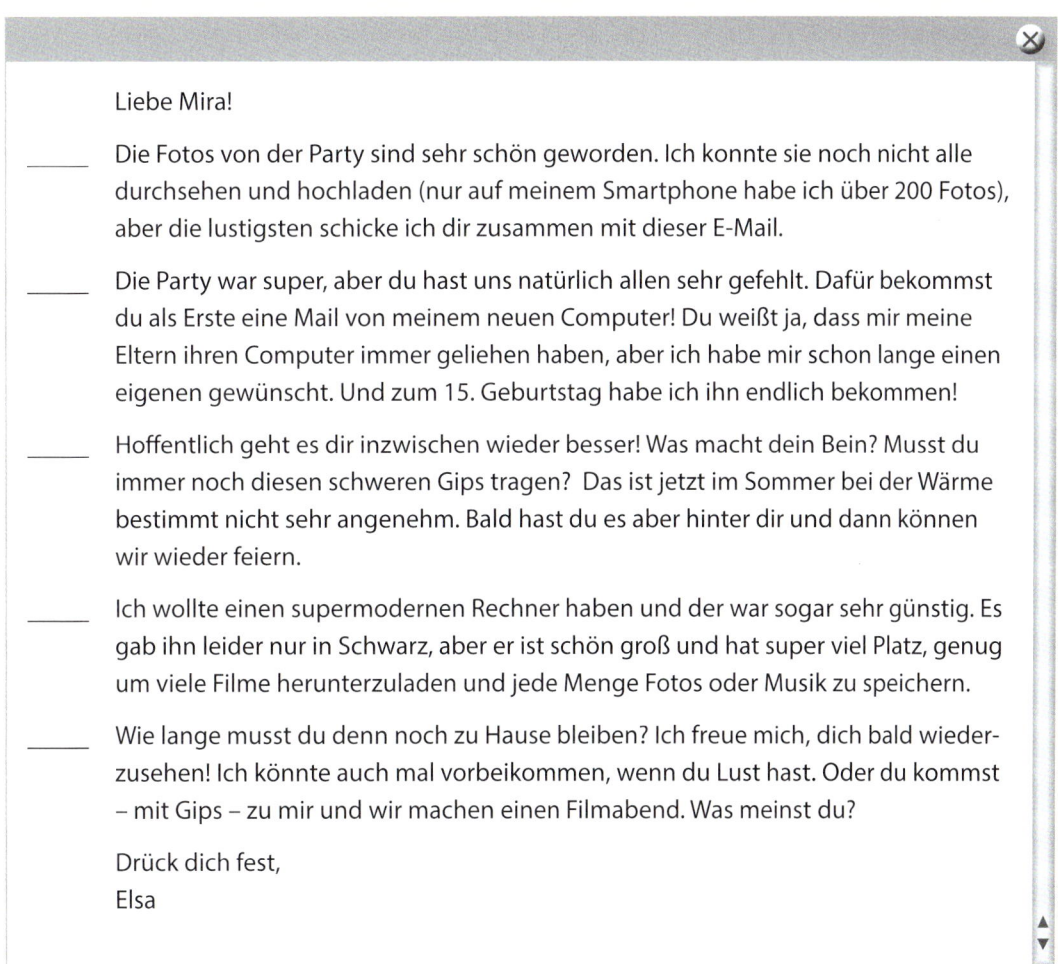

Liebe Mira!

_____ Die Fotos von der Party sind sehr schön geworden. Ich konnte sie noch nicht alle durchsehen und hochladen (nur auf meinem Smartphone habe ich über 200 Fotos), aber die lustigsten schicke ich dir zusammen mit dieser E-Mail.

_____ Die Party war super, aber du hast uns natürlich allen sehr gefehlt. Dafür bekommst du als Erste eine Mail von meinem neuen Computer! Du weißt ja, dass mir meine Eltern ihren Computer immer geliehen haben, aber ich habe mir schon lange einen eigenen gewünscht. Und zum 15. Geburtstag habe ich ihn endlich bekommen!

_____ Hoffentlich geht es dir inzwischen wieder besser! Was macht dein Bein? Musst du immer noch diesen schweren Gips tragen? Das ist jetzt im Sommer bei der Wärme bestimmt nicht sehr angenehm. Bald hast du es aber hinter dir und dann können wir wieder feiern.

_____ Ich wollte einen supermodernen Rechner haben und der war sogar sehr günstig. Es gab ihn leider nur in Schwarz, aber er ist schön groß und hat super viel Platz, genug um viele Filme herunterzuladen und jede Menge Fotos oder Musik zu speichern.

_____ Wie lange musst du denn noch zu Hause bleiben? Ich freue mich, dich bald wiederzusehen! Ich könnte auch mal vorbeikommen, wenn du Lust hast. Oder du kommst – mit Gips – zu mir und wir machen einen Filmabend. Was meinst du?

Drück dich fest,
Elsa

1 Lesen

Teil 3: Aufgaben

Lesen Teil 3

Du liest eine E-Mail.

Wähle für die Aufgaben 11 bis 15 die richtige Lösung a, b oder c.

Liebe Mira!

Hoffentlich geht es dir inzwischen wieder besser! Was macht dein Bein? Musst du immer noch diesen schweren Gips tragen? Das ist jetzt im Sommer bei der Wärme bestimmt nicht sehr angenehm. Bald hast du es aber hinter dir und dann können wir wieder feiern.

Die Party war super, aber du hast uns natürlich allen sehr gefehlt. Dafür bekommst du als Erste eine Mail von meinem neuen Computer! Du weißt ja, dass mir meine Eltern ihren Computer immer geliehen haben, aber ich habe mir schon lange einen eigenen gewünscht. Und zum 15. Geburtstag habe ich ihn endlich bekommen!

Ich wollte einen supermodernen Rechner haben und der war sogar sehr günstig. Es gab ihn leider nur in Schwarz, aber er ist schön groß und hat super viel Platz, genug um viele Filme herunterzuladen und jede Menge Fotos oder Musik zu speichern.

Die Fotos von der Party sind sehr schön geworden. Ich konnte sie noch nicht alle durchsehen und hochladen (nur auf meinem Smartphone habe ich über 200 Fotos), aber die lustigsten schicke ich dir zusammen mit dieser E-Mail.

Wie lange musst du denn noch zu Hause bleiben? Ich freue mich, dich bald wiederzusehen! Ich könnte auch mal vorbeikommen, wenn du Lust hast. Oder du kommst – mit Gips – zu mir und wir machen einen Filmabend. Was meinst du?

Drück dich fest,
Elsa

Lesen

Teil 3: Aufgaben

Lesen Teil 3

11 Warum war Mira nicht auf der Party?

- a Es war ihr zu warm.
- b Sie hatte Fieber.
- c Sie war am Bein verletzt.

12 Worüber freut sich Elsa?

- a Sie hat nun einen eigenen Computer.
- b Sie hat von ihren Eltern ein modernes Smartphone bekommen.
- c Sie ist endlich 16 geworden.

13 Was findet Elsa an dem Computer besonders gut?

- a Dass er eine tolle Farbe hat und modern ist.
- b Dass er nicht so groß ist und nicht viel Platz braucht.
- c Dass er viel Platz zum Speichern hat.

14 Was schreibt Elsa über die Fotos?

- a Dass sie leider nicht so lustig sind.
- b Dass sie Mira alle Fotos schickt.
- c Dass sie mit dem Smartphone mehr als 200 Fotos gemacht hat.

15 Was schlägt Elsa vor?

- a Ein Treffen bei ihr oder bei Mira zu Hause.
- b Einen Filmabend bei Mira.
- c Einen Kinobesuch mit Mira.

Lesen

Teil 4: Aufgabenformat und Strategie

Lesen Teil 4: Aufgabenformat und Strategie

Aufgabenformat

In diesem Teil bekommst du sechs Internet-Anzeigen und Informationen zu verschiedenen Personen, die etwas Bestimmtes suchen. Du sollst für jede Person die passende Anzeige finden und so zeigen, dass du die Anzeigen und Wünsche verstehst. Jede Anzeige kann nur einmal verwendet werden. Eine Anzeige dient als Beispiel.

Dieser Teil ist etwas schwieriger als die anderen Teile. Beachte bitte Folgendes:
a) Bei den Aufgaben gibt es keine chronologische Reihenfolge.
b) Die Anzeige, die zum Beispiel passt, kann man nicht mehr wählen, es bleiben also fünf Anzeigen für fünf Wünsche.
c) Für eine Aufgabe gibt es keine Lösung, d.h. zu diesem Wunsch passt keine Anzeige. Diese Aufgabe markierst du mit X.

Strategie

1. Das Beispiel musst du in der Prüfung nicht lesen. So sparst du etwas Zeit.

2. Lies die Aufgaben 16 bis 20 durch und markiere die Schlüsselwörter.

3. Lies die Überschriften der fünf Anzeigen, die ohne das Beispiel übrig sind. Überlege, welche Anzeige zu Aufgabe 16 passen könnte. Lies den Text dieser Anzeige genau durch und entscheide dann, ob die Anzeige passt.

4. Wiederhole Schritt 3 mit den restlichen Aufgaben (17 bis 20). Denk daran: Für eine Aufgabe gibt es keine Lösung!

Lesen

Teil 4: Training

Lesen Teil 4: Training

1 Für das Training verwenden wir das Beispiel. Lies den Satz und markiere das Schlüsselwort / die Schlüsselwörter.

0   Ben möchte fit bleiben. Er liebt Ballspiele.

Das Schlüsselwort ist / Die Schlüsselwörter sind:

_____

2 Lies nun die Überschriften der sechs Anzeigen und markiere die passende Anzeige.

a   Schmuck-AG
b   Yoga-AG
c   Video-AG
d   Schulband-AG
e   Fußball-AG
f   Gitarren-AG

3 Lies nun die Anzeige e und markiere dort alles, was mit dem Schlüsselwort / den Schlüsselwörtern zu tun hat.

> e Fußball-AG
> Am wichtigsten sind in unserer AG natürlich Fußballtechniken und Gruppenarbeit. Das Training besteht aus Aufwärmen und Übungen mit dem Ball und aus einem kleinen Turnier. Regelmäßig nehmen wir an Wochenenden auch an größeren Turnieren teil.

4 Ist die Anzeige e die richtige Antwort für das Beispiel?

- [a] Ja, sicher.
- [b] Hm, vielleicht.
- [c] Nein, sicher nicht.

Mit dieser Strategie findest du die richtige Antwort zu allen Aufgaben. Denk daran: Eine Anzeige passt nicht, das heißt, für eine Person findest du nichts Passendes!

Lesen

Teil 4: Aufgaben

Lesen Teil 4

Sechs Jugendliche suchen auf der Webseite ihrer Schule eine Arbeitsgemeinschaft (AG).

Lies die Aufgaben 16 bis 20 und die Anzeigen a bis f.
Welche Anzeige passt zu welcher Person?
Für eine Aufgabe gibt es keine Lösung. Markiere so: X.

Die Anzeige aus dem Beispiel kannst du nicht mehr wählen.

Beispiel

0 Ben möchte fit bleiben. Er liebt Ballspiele. | e |

16 Samira möchte ein Musikinstrument spielen lernen.

17 Mohammed macht gern Fotos und Filme mit seiner Smartphone-Kamera.

18 Collin spielt gern Gitarre, aber sein Traum ist es, in einer Band zu singen.

19 Ida singt sehr gern Kinderlieder.

20 Finja arbeitet sehr gern mit den Händen.

Lesen Teil 4

www.dreikurs-gymnasium.example.com

Dreikurs-Gymnasium

Hier ein Einblick in unsere Arbeitsgemeinschaften (AGs):

[a] **Schmuck-AG**
Wer gern Schmuck trägt und Lust auf Basteln und Experimentieren hat, ist hier richtig! Wir machen aus verschiedenen Materialien Ohrringe, Armreifen, Ketten und Ringe und lernen verschiedene Flechttechniken. Mehr Infos und Fotos findet ihr auf der Homepage der Schule.

[b] **Yoga-AG**
Eine kleine Einführung in die Welt des Yoga. Zusammen arbeiten wir an unserer Körperhaltung und sorgen mit Übungen und Körperstellungen (Asanas) für einen starken Körper. Kurzfilme und Fotos haben die Teilnehmer vom letzten Jahr auf der Internetseite der Schule hochgeladen. Schaut doch mal rein!

[c] **Video-AG**
Wenn du gern Videos machst und ein Smartphone, ein Tablet oder einen Laptop hast, komm zur Video-AG! Hier bekommst du viele Tipps, wie man Videos erstellt und bearbeitet. Dann kannst du auf den verschiedenen Plattformen die besten Videos hochladen.

[d] **Schulband-AG**
Wir gründen zusammen eine Band, machen Musik und haben Spaß! Singst du gut oder spielst du ein Instrument? Hörst du gern Rock- oder Popmusik? Dann bist du in der Schulband-AG genau richtig! Auf dem Sommerfest präsentieren wir dann unsere Arbeit!

[☒] **Fußball-AG**
Am wichtigsten sind in unserer AG natürlich Fußballtechniken und Gruppenarbeit. Das Training besteht aus Aufwärmen und Übungen mit dem Ball und aus einem kleinen Turnier. Regelmäßig nehmen wir an Wochenenden auch an größeren Turnieren teil.

[f] **Gitarren-AG**
Egal ob du schon Gitarre spielst oder ob du jetzt damit anfangen möchtest, in unserer AG gibt es einen Platz für dich! Wir spielen Klassiker, Pop- und Rocksongs. Jedes Jahr geben wir auf der Weihnachtsfeier ein Konzert. Wenn du noch keine Gitarre hast, leihen wir dir eine aus – bis du deine eigene hast ;)!

1 Hören

Übersicht

Hören: Übersicht

Der Prüfungsteil **Hören** besteht aus vier Teilen:

Teil	Textsorte	Anzahl der Items und Aufgabentyp	Punkte	Zeit
1	Kurztexte	5 Multiple-Choice-Aufgaben	5	
2	Längerer Dialog	5 Multiple-Choice-Aufgaben	5	insgesamt 30 Minuten
3	Kurze Dialoge	5 Multiple-Choice-Aufgaben	5	
4	Interview	5 Ja-Nein-Aufgaben	5	
Gesamt		20 Aufgaben	20 Punkte	

Zeit

Der Prüfungsteil **Hören** dauert insgesamt 30 Minuten. Alle Aufgaben, Pausen und Wiederholungen sind in der Audio-Datei enthalten. Du hörst Teil 1 und 4 zweimal, Teil 2 und 3 nur einmal.

Punkte

Für jede richtige Antwort bekommst du 1 Punkt, d. h. alle Aufgaben sind gleich wichtig. Am Ende wird die Gesamtpunktzahl mit 1,25 multipliziert. Im Prüfungsteil **Hören** bekommt man also maximal 25 Punkte, das sind 25 % der Gesamtpunktzahl.

Tipps

Jeder Teil ist anders aufgebaut. In Teil 2 und 3 musst du den Hörtext einem Bild zuordnen. Es ist wichtig, dass du dich mit den Merkmalen von jedem Prüfungsteil vertraut machst.

Du musst während der gesamten Prüfung aufmerksam zuhören und dich bei jeder Aufgabe entscheiden. Sei bei den Prüfungsteilen, die du nur einmal hörst (Teil 2 und Teil 3), besonders aufmerksam! Deine Antworten solltest du zuerst auf dem Aufgabenblatt notieren, am Ende überträgst du sie dann auf den Antwortbogen (S. 142). Dafür brauchst du ca. 3 Minuten, es gibt keine Extra-Zeit! Arbeite dabei mit höchster Konzentration!

Hören
Teil 1: Aufgabenformat und Strategie

Hören Teil 1: Aufgabenformat und Strategie

Aufgabenformat

In diesem Teil – er dauert insgesamt ca. 10 Minuten – hörst du fünf kurze Texte, z. B. Ansagen, Informationen im Radio oder Nachrichten auf dem Anrufbeantworter. Zu jedem Text gibt es eine Multiple-Choice-Aufgabe. Du sollst die jeweils richtige Antwort (a, b oder c) ankreuzen und so zeigen, dass du die Information verstanden hast.

Du hörst jeden Text zweimal hintereinander. Vor dem ersten Hören hast du bei jedem Text 15 Sekunden Zeit, um die Aufgabe zu lesen. Ein Beispiel gibt es nicht.

Strategie

1. Lies Aufgabe 1 und markiere das Schlüsselwort / die Schlüsselwörter.
2. Höre den Text einmal und vergleiche ihn mit den drei möglichen Antworten (a, b, c).
3. Höre den Text noch einmal und kreuze die richtige Lösung an.
4. Wiederhole die Schritte 1 bis 3 mit den restlichen Aufgaben (2 bis 5).

Vorsicht: Du kannst natürlich schon beim ersten Hören eine Antwort markieren, die deiner Meinung nach richtig ist. Höre aber unbedingt auch bei der Wiederholung des Textes mit voller Konzentration zu und kreuze erst dann die Lösung a, b oder c an!

1 Hören

Teil 1: Training

Hören Teil 1: Training

1 Lies Aufgabe 1.

Welche Auskunft bekommt man in der Ansage der Praxis?
a) Dass alle Termine eine Woche später stattfinden.
b) Dass die Praxis nach dem 12. Mai geschlossen bleibt.
c) Dass man Dr. Nowak unter 0208-69 69 99 18 anrufen kann.

2 Was erwartet dich hier? Lies noch einmal die Frage und kreuze an: Das ist eine Nachricht …

- [ ] vom Büro des Schuldirektors.
- [ ] vom Büro eines Arztes.
- [ ] von der Polizei.

3 Lies jetzt noch einmal die drei möglichen Antworten: Worauf musst du beim Hören besonders aufpassen?

- [ ] Namen von Personen
- [ ] Ortsangaben
- [ ] Angaben von Gründen
- [ ] Zeitangaben

4 Lies nun den folgenden Text aufmerksam durch und unterstreiche alles, was mit Antwort a zu tun hat, mit Rot, mit Antwort b mit Blau und mit Antwort c mit Grün.

> Die Praxis von Dr. Nowak bleibt bis zum 12. Mai wegen Krankheit geschlossen. Alle Termine werden auf die nächste Woche verschoben. Sie können aber auch bei unserer Kollegin Frau Dr. Elke Riedel einen Termin vereinbaren. Sie erreichen Dr. Riedel in ihrer Praxis, Ludwigstraße 78, Neuland und unter der Nummer 0208-69 69 99 18.

5 Vergleiche die Antworten a, b und c mit dem Text, sprich mit den anderen und entscheide:

Antwort a ist	Richtig	Falsch
Antwort b ist	Richtig	Falsch
Antwort c ist	Richtig	Falsch

Lies auch bei den anderen Aufgaben die Antworten durch, unterstreiche wichtige Wörter und sprich mit den anderen darüber, welche Wörter du unterstrichen hast. Höre dann den Text und entscheide, welche Antworten richtig und welche falsch sind.

Hören

Teil 1: Aufgaben

Hören Teil 1

Du hörst fünf kurze Texte. Du hörst jeden Text zweimal.
Wähle für die Aufgaben 1 bis 5 die richtige Lösung a, b oder c.

1 Welche Auskunft bekommt man in der Ansage der Praxis?

   a Dass alle Termine eine Woche später stattfinden.
   b Dass die Praxis nach dem 12. Mai geschlossen bleibt.
   c Dass man Dr. Nowak unter 0208-69 69 99 18 anrufen kann.

2 Was müssen die Besucher wissen?

   a Dass der Rundgang im Erdgeschoss und im dritten Stock stattfindet.
   b Dass die Führung in drei Sprachen ist.
   c Dass Handys und Smartphones während der Führung nicht klingeln sollen.

3 Warum will das Mädchen eine E-Mail schicken?

   a Sie möchte ihre Freunde einladen.
   b Sie möchte sich für vorgestern bedanken.
   c Sie sucht ihre Jacke.

4 Was ist diesen Monat im Angebot? Wenn man für mehr als 25 Euro bestellt, …

   a bekommt man eine Flasche Limo geschenkt.
   b kostet jede Pizza nur 4 Euro.
   c zahlt man 3 Euro weniger.

5 Was macht der Junge mit dem Geld?

   a Er behält es für nächstes Jahr.
   b Er kauft sich Kleidung und Computerspiele.
   c Er macht dieses Jahr eine Reise.

Hören Teil 2: Aufgabenformat und Strategie

Aufgabenformat

In diesem Teil – er dauert ca. 5 Minuten – hörst du ein persönliches Gespräch zwischen Freunden, Schulkameraden, Mitgliedern einer Familie etc. Außerdem bekommst du neun Bilder. Dann sollst du fünf Aufgaben lösen und so zeigen, dass du die wichtigsten Informationen im Text verstanden hast. Dafür wählst du für jede Aufgabe das passende Bild aus.

Du hörst das Gespräch nur einmal. Vor dem Hören hast du 30 Sekunden Zeit, um die Aufgabenstellung zu lesen und die Bilder genau anzusehen.

Beachte bitte Folgendes:
a) Hier wird eine längere Geschichte erzählt und du hörst sie nur einmal. Du musst also besonders konzentriert zuhören.
b) Die Aufgaben folgen der chronologischen Reihenfolge des Textes. Am Anfang steht ein Beispiel. Das Bild, das zum Beispiel passt, kannst du nicht mehr wählen, du hast also acht Bilder für fünf Aufgaben. Am Ende bleiben drei Bilder ohne Zuordnung.
c) Wenn du konzentriert arbeitest, werden die Bilder, die zur Auswahl stehen, von Aufgabe zu Aufgabe weniger. Die Gefahr ist aber, dass eine falsche Wahl einen weiteren Fehler mit sich bringt.

Strategie

1 Lies die Aufgabe, achte besonders auf Namen und Schlüsselwörter und sieh dir alle Bilder genau an. Überlege, was jedes Bild zeigt (z. B. Fahrrad, essen, Fußballplatz etc.).

2 Höre den Text mit voller Konzentration und vergleiche das, was du hörst, mit den Bildern. Bestätige am Anfang das Beispiel (0) und ordne anschließend jeder Aufgabe (6 bis 10) das passende Bild zu. Achtung: Du musst dich schnell entscheiden, denn der Hörtext ist ohne Pausen!

3 Wenn du bei einer Aufgabe nicht ganz sicher bist, kannst du ein Zeichen neben das Bild machen und bis zum Ende des Gesprächs warten. Dann musst du dich aber festlegen!

Hören Teil 2: Training

1   Lies zuerst die Aufgabenstellung.

Was bringen Tilos und Annas Freunde zum Sommerfest mit?

2   Diskutiere mit den anderen: Was ist ein Sommerfest? Wann findet es statt? Was kann man zum Sommerfest mitbringen?

3   Sieh nun die folgenden Bilder an. Notiere, was du auf jedem Bild siehst.

a _____   b _____   c _____

d _____   e _____   f _____

g _____   h _____   i _____

4   Lies den Anfang von dem Gespräch und vergleiche die Bilder mit dem Text. Welches Bild passt zum Beispiel?

Tilo: Hey, Anna! Am Freitagnachmittag ist ja unser Sommerfest! Hast du schon eingetragen, was du mitbringst?

Anna: Na klar! Die Liste hängt ja schon lange an der Tür im Klassenzimmer. Ich bringe Pizza mit. Und du?

a   b   c   d   e   f   g   h

So gehst du bei allen Aufgaben vor. Du vergleichst immer das, was du hörst, mit allen Bildern außer dem Beispiel.

1 Hören
Teil 2: Aufgaben

🔊 Hören Teil 2

Du hörst ein Gespräch. Du hörst den Text einmal.
Was bringen Tilos und Annas Freunde zum Sommerfest mit?

Wähle für die Aufgaben 6 bis 10 ein passendes Bild aus a bis i.
Wähle jeden Buchstaben nur einmal. Sieh dir jetzt die Bilder an.

Person	0 Anna	6 Jonas	7 Noah	8 Lukas	9 Lina	10 Emilia
Lösung	b					

a _____

b ⊠ _____

c _____

d _____

e _____

f _____

g _____

h _____

i _____

Hören

Teil 3: Aufgabenformat und Strategie

Hören Teil 3: Aufgabenformat und Strategie

Aufgabenformat

In diesem Teil – er dauert insgesamt ca. 5 Minuten – hörst du fünf kurze Dialoge aus dem Alltag, z. B. in der Schule, in einem Geschäft, auf der Straße etc. Dazu sollst du fünf Multiple-Choice-Aufgaben lösen und so zeigen, dass du die wichtigste Information in jedem Text verstanden hast. Die drei möglichen Antworten zu jeder Aufgabe sind in Bildform. Sie können alle im Hörtext vorkommen. Achte also genau auf die Aufgabenstellung!

Du hörst jeden Dialog nur einmal. Vor dem Hören hast du 15 Sekunden Zeit, um die Aufgabenstellung zu lesen und die Bilder anzusehen. Ein Beispiel gibt es nicht.

Strategie

1. Lies Aufgabe 11 durch, sieh dir die drei Bilder genau an und überlege, was jedes Bild zeigt (z. B. Buch, Heft, Tafel etc.).

2. Höre den Text mit voller Konzentration. Vergleiche das, was du hörst, mit den Bildern und kreuze die richtige Lösung an.

3. Wiederhole Schritt 2 und 3 mit den restlichen Aufgaben (12 bis 15).

1 Hören
Teil 3: Training

Hören Teil 3: Training

1 Sieh die drei Bilder genau an und notiere, was jedes Bild zeigt.

11 Was braucht der Junge?

a _____ b _____ c _____

2 Lies nun den Text und markiere alles, was mit den Wörtern zu tun hat, die du notiert hast.

- Coole Sonnenbrille! Ist die neu?
- ▶ Ja, aus einem tollen Laden mit super Kleidung, Schuhen und Sonnenbrillen!
- Interessant! Ich möchte mir nämlich ein paar neue T-Shirts kaufen.
- ▶ Guck! Das ist die Webseite vom Laden. Leider kannst du hier nur die Schuhe sehen, aber da unten steht die Adresse. Geh doch mal hin!
- Mach ich! Sofort!

3 Welcher Satz enthält die Lösung? Unterstreiche ihn. Kreuze die richtige Lösung an:

a b c

4 Bei Aufgaben dieser Art spricht man von Hörsehverstehen. Kannst du diese Bezeichnung erklären? Vergleiche Hören Teil 3 (S. 33) mit Teil 2 (S. 30). Welchen Teil findest du schwieriger und warum? Diskutiere mit den anderen.

☐ Beide Teile sind gleich schwer.
☐ Teil 2 ist schwieriger.
☐ Teil 3 scheint schwieriger zu sein.

Hören

Teil 3: Aufgaben

Hören Teil 3

Du hörst fünf kurze Gespräche. Du hörst jeden Text einmal.
Wähle für die Aufgaben 11 bis 15 die richtige Lösung a, b oder c.

11 Was braucht der Junge?

a b c

12 Wann treffen sich die Mädchen?

a b c

13 Was bekommt der Mann nicht zurück?

a b c

14 Was ist neben Fabians Haus?

a b c

15 Was nimmt der Junge zum Lesen mit?

a b c

1 Hören

Teil 4: Aufgabenformat und Strategie

Hören Teil 4: Aufgabenformat und Strategie

Aufgabenformat

In diesem Teil – er dauert ca. 10 Minuten – hörst du ein längeres Interview, z. B. aus dem Radio. Dazu sollst du fünf Ja-Nein-Aufgaben lösen und damit zeigen, dass du die wichtigsten Informationen im Text verstanden hast.

Du hörst den Text zweimal. Vor dem ersten Hören hast du 30 Sekunden Zeit, um die Aufgabe zu lesen. Die Aufgaben folgen der chronologischen Reihenfolge des Textes. Am Anfang steht ein Beispiel.

Beachte bitte Folgendes:
a) Du kannst natürlich schon beim ersten Hören eine Antwort markieren, die deiner Meinung nach richtig ist. Höre aber unbedingt auch bei der Wiederholung des Textes mit voller Konzentration zu und kreuze erst dann die richtige Lösung endgültig an!
b) Es kann passieren, dass du an einer Stelle unaufmerksam bist und die Antwort auf eine Frage nicht hörst. Dann kommt aber bald die nächste Frage. Behalte deshalb immer die beiden nächsten Aufgaben im Auge!

Strategie

1. Lies die Aufgaben 16 bis 20 aufmerksam durch und markiere die Schlüsselwörter.
2. Höre den Text einmal und vergleiche ihn mit den Aufgaben.
3. Höre den Text noch einmal und kreuze die Lösungen an.

Hören
Teil 4: Training

Hören Teil 4: Training

1 Lies zuerst das Beispiel und unterstreiche das Schlüsselwort.

0 Luana kommt aus Deutschland.
- [ ] Ja
- [ ] Nein

2 Vergleiche diesen Aufgabentyp (Ja – Nein) mit dem Aufgabentyp von Teil 1 (a, b, c). Sprich mit den anderen und kreuze an:

- [ ] Beide Aufgabentypen sind gleich schwer.
- [ ] Der Aufgabentyp „a, b, c" ist schwieriger.
- [ ] Der Aufgabentyp „Ja – Nein" ist schwieriger.

3 Welches Schlüsselwort hast du im Beispiel unterstrichen?

_____

4 Höre nun den Beginn des Interviews und beantworte die Fragen.

A Welche Personen hörst du?
- [ ] Luana.
- [ ] Luanas Mutter.
- [ ] Luanas Vater.
- [ ] Reporter.

B Wo findet das Interview statt?
- [ ] Auf der Straße.
- [ ] Im Studio.
- [ ] In Luanas Schule.
- [ ] In Luanas Wohnung.

5 Lies nun den Text und:

a) markiere alles, was mit dem Schlüsselwort zu tun hat.
b) markiere die Stelle, wo du auf die Antwort vorbereitet wirst.
c) markiere die Stelle, wo die richtige Antwort steht.

> Reporter: Bei uns heute im Studio eine junge Dame mit großem Talent. Herzlich willkommen, Luana!
> Luana: Hallo! Danke für die Einladung.
> Reporter: Woher kommst du eigentlich?
> Luana: Mein Heimatland ist Albanien, aber wir sind nach Hamburg gezogen, als ich noch sehr klein war.
> Reporter: Luana, …

1 Hören

Teil 4: Aufgaben

🔊 Hören Teil 4

Du hörst ein Interview. Du hörst den Text zweimal.
Wähle für die Aufgaben 16 bis 20 ☐ Ja *oder* ☐ Nein *.*
Lies jetzt die Aufgaben.

Beispiel

0   Luana kommt aus Deutschland.   Ja   ~~Nein~~

16 Luana macht Kleidung nur für Frauen.   Ja   Nein

17 Luana findet es schade, dass Leute Kleidung wegwerfen.   Ja   Nein

18 Die Leute kaufen mehr Hosen als T-Shirts.   Ja   Nein

19 Luana verkauft ihre Kleidung über ihren Blog.   Ja   Nein

20 Luana muss viel lernen, weil sie nach der Schule studieren möchte.   Ja   Nein

Schreiben

Übersicht

Schreiben: Übersicht

Der Prüfungsteil **Schreiben** besteht aus zwei Teilen.

Teil	Aufgabe – Textsorte	Textlänge	Punkte	Zeit
1	eine persönliche SMS schreiben	20–30 Wörter	10	10–15 Minuten
2	eine halbformelle E-Mail schreiben	30–40 Wörter	10	15–20 Minuten
Gesamt			20 Punkte	30 Minuten

Zeit

In diesem Prüfungsteil musst du zwei verschiedene Texte schreiben: eine etwas kürzere persönliche SMS/Textnachricht und eine etwas längere halbformelle E-Mail. Für beide Teile zusammen hast du 30 Minuten Zeit. Du kannst selbst entscheiden, in welcher Reihenfolge du die beiden Teile bearbeitest. Teil 2 ist, wie du siehst, etwas länger und braucht vielleicht etwas mehr Zeit.

Punkte

Für jede der beiden Aufgaben bekommst du 10 Punkte, d. h. beide Teile sind gleich wichtig. Am Ende wird die Gesamtpunktzahl mit 1,25 multipliziert und entsprechend auf- oder abgerundet. Maximal kannst du also auch im Prüfungsteil **Schreiben** 25 Punkte erreichen.

Tipps

Schreibe beide Texte direkt auf den Antwortbogen, so verlierst du keine Zeit und kannst am Ende alles noch einmal durchlesen und Fehler korrigieren. Achte besonders darauf, dass du in der richtigen Form („du", „ihr" oder „Sie") schreibst (S. 38 und 40), und prüfe die Satzstellung, die Verbformen (d. h. Zeit und Endung) und die Rechtschreibung. Natürlich kannst du nicht alle Fehler vermeiden. Wichtig ist, dass der Empfänger der SMS bzw. E-Mail problemlos versteht, was du ihm mitteilen möchtest.

Schreibe möglichst sauber und gut leserlich. Bleistift oder Tippex, Wörterbuch oder Smartphone darfst du nicht verwenden!

Jede schriftliche Arbeit wird von zwei Prüferinnen/Prüfern unabhängig voneinander nach bestimmten Kriterien korrigiert. Hier ein paar wichtige Tipps:

a) Beziehe dich auf die vorgegebenen Leitpunkte und schreibe nicht viel mehr und nicht viel weniger, als verlangt wird.
b) In Teil 1 muss zum Ausdruck kommen, dass du an eine*n Freund*in schreibst, in Teil 2 an eine ältere Person, die du mit „Sie" ansprichst.
c) Mach möglichst wenig Fehler in Wortschatz, Grammatik und Rechtschreibung.
d) Verbinde die Sätze sinnvoll miteinander.

Schreiben

Teil 1: Aufgabenformat und Strategie

Schreiben Teil 1: Aufgabenformat und Strategie

Aufgabenformat

Hier musst du eine SMS/Textnachricht – Länge: 20 bis 30 Wörter – an eine Person im selben Alter schreiben (Schulkamerad*in, Freund*in, gute*r Bekannte*r). Es werden drei Leitpunkte vorgegeben. Für diese Aufgabe brauchst du 10 bis 15 Minuten.

Beachte bitte Folgendes:

a) Du schreibst in der „du"-Form.
b) In einer SMS schreibt man keine langen Sätze, die Sätze müssen aber sinnvoll aneinander anschließen.
c) Anrede und Grußformel sind in einer SMS nicht üblich. Wenn du willst, kannst du mit „Hallo!" oder „Hi!" beginnen und mit „Tschüss!" und deinem Vornamen schließen.

Sieh dir nun die Aufgabe an:

> Deine Mitschülerin Marie schickt dir eine SMS und lädt dich zu ihrer Gartenparty am Freitag um 19 Uhr ein. Antworte Marie mit einer SMS.
> – Bedanke dich für die Einladung und sag, dass du später kommen wirst.
> – Schreib, warum du später kommst.
> – Frag nach der Adresse.
> Schreib 20–30 Wörter.
> Schreib zu allen drei Punkten.

Strategie

1. Lies die Aufgabenstellung, d. h. die Situation und die drei Leitpunkte, aufmerksam durch, am besten zweimal hintereinander. Überlege nun Folgendes:
   a) An wen schreibst du?
   b) Aus welchem Anlass schreibst du?
   c) Was willst du erreichen?

2. Schreib die SMS.

3. Kontrolliere deinen Text.

Lies bitte auch die Trainingsseite (S. 39) aufmerksam durch.

Schreiben

Teil 1: Training

Schreiben Teil 1: Training

1 Lies zuerst die Aufgabenstellung.

> Dein Freund Marco schickt dir eine SMS und fragt, ob du am kommenden Wochenende an einer Radtour teilnehmen möchtest. Antworte Marco mit einer SMS.
> – Bedanke dich für die Einladung und sag, dass du nicht mitmachen kannst.
> – Schreib, warum das nicht möglich ist.
> – Wünsche Marco viel Spaß.

2 In deiner Antwort fehlen einige Wörter. Schreib den Text neu und ergänze die fehlenden Wörter an der richtigen Stelle. Zwei Wörter aus dem Kasten bleiben übrig.

denn – aber leider – Vielleicht – Viel Spaß – wenn – Zum Glück – Vielen Dank

Hi Marco!

für die Einladung, kann ich nicht mitfahren, am kommenden Freitag besuchen mich Pascal und Juliette aus Frankreich. ein anderes Mal. und mach viele Fotos!

Tschüss

1 Schreiben

Teil 2: Aufgabenformat und Strategie

Schreiben Teil 2: Aufgabenformat und Strategie

Aufgabenformat

Hier musst du eine E-Mail – Länge: 30 bis 40 Wörter – an eine Person schreiben, die älter ist als du, z. B. an deine*n Lehrer*in oder eine*n Bekannte*n. Auch hier werden drei Leitpunkte vorgegeben. Für diese Aufgabe hast du 15 bis 20 Minuten Zeit.

Beachte bitte Folgendes:
a) Du schreibst in der „Sie"-Form.
b) In einer E-Mail sind die Sätze etwas länger als in einer SMS und müssen auch sinnvoll aneinander anschließen.
c) Als Anrede schreibst du „Lieber Herr Meier / Liebe Frau Berger", wenn du die/den Empfänger*in gut kennst, oder – etwas offizieller – „Sehr geehrter Herr Meier / Sehr geehrte Frau Müller". Als Grußformel verwendest du „Mit freundlichen/besten Grüßen" und darunter deinen Vor- und Nachnamen, oder – bei lieben Bekannten – „Mit herzlichen Grüßen" und darunter deinen Vornamen.

Sieh dir nun die Aufgabe an:

> Du kannst morgen nicht zur Schule gehen. Schreib deiner Klassenlehrerin, Frau Andersen, eine E-Mail:
> – Entschuldige dich.
> – Schreib, warum du nicht zur Schule gehen kannst.
> – Frag nach den Hausaufgaben.
> Schreib 30–40 Wörter.
> Schreib zu allen drei Punkten.

Strategie

1 Lies die Aufgabenstellung, d. h. die Situation und die drei Leitpunkte, aufmerksam durch, am besten zweimal hintereinander. Überlege nun Folgendes:
   a) An wen schreibst du?
   b) Aus welchem Anlass schreibst du?
   c) Was willst du erreichen?

2 Schreib die E-Mail.

3 Kontrolliere, was du geschrieben hast.

Lies bitte auch die Trainingsseite (S. 41) aufmerksam durch.

Schreiben

Teil 2: Training

Schreiben Teil 2: Training

1 Lies zuerst die Aufgabenstellung.

> Euer Nachbar, Herr Daniels, überlegt, ob er sich ein Smartphone kaufen soll, und fragt, ob du ihn begleiten kannst. Schreib Herrn Daniels eine E-Mail:
> – Sag, wie du die Idee von Herrn Daniels findest.
> – Schreib, was man alles mit einem Smartphone machen kann.
> – Mach einen Terminvorschlag.

2 In deiner Antwort fehlen einige Wörter. Schreib den Text neu und ergänze die fehlenden Wörter an der richtigen Stelle. Zwei Wörter aus dem Kasten bleiben übrig.

> Damit – Darauf – Lieber – Natürlich – schade, dass – sondern auch – toll, dass – Wollen wir

Herr Daniels,

Sie sich endlich ein Smartphone kaufen wollen. können Sie nämlich nicht nur telefonieren, Textnachrichten schicken, fotografieren und Videos drehen, online Informationen suchen. helfe ich Ihnen gern bei der Suche nach einem passenden Gerät. uns am kommenden Samstag um 11 treffen?

Mit vielen Grüßen

1 Sprechen

Übersicht

Sprechen: Übersicht

Der Prüfungsteil **Sprechen** besteht aus drei Teilen.

	Aufgabe	Punkte	Zeit
Teil 1	Fragen zur Person stellen und beantworten	4	insgesamt ca. 15 Minuten für zwei Teilnehmende
Teil 2	Über sich sprechen	8	
Teil 3	Gemeinsame Aktivität planen	8	
alle Teile	Aussprache	5	
Total		25	ca. 15 Minuten

Zeit und Ablauf

Die mündliche Prüfung dauert insgesamt ca. 15 Minuten. Sie ist eine Paarprüfung, d. h. hier werden zwei Kandidatinnen/Kandidaten parallel von zwei Prüferinnen/Prüfern geprüft. Die Paare werden nach dem Zufallsprinzip bestimmt.

Es gibt keine Zeit zur Vorbereitung. Bevor die eigentliche Prüfung beginnt, stellen die Prüfer*innen jeder/jedem Teilnehmenden zwei, drei einfache Fragen zum Aufwärmen, z. B. „Wie lange lernst du schon Deutsch?" oder „Wo lernst du Deutsch?". Für die Bewertung spielen diese Fragen keine Rolle.

Die Prüfenden sprechen langsam und deutlich und sprechen die Kandidatinnen/Kandidaten direkt mit ihrem Vornamen und „du" an. Prüfer*in A leitet die Prüfung, spielt mit Hilfe von Prüfer*in B das Beispiel in Teil 1 vor und erteilt der Reihe nach das Wort. Prüfer*in B füllt das offizielle Ergebnisprotokoll aus.

Punkte

Insgesamt kannst du auch in diesem Teil der Prüfung 25 Punkte, d. h. 25 % der Gesamtpunktzahl erreichen.

Tipps

Denk daran: Sprich zum Thema und interagiere mit deiner/deinem Prüfungspartner*in! Verbinde deine Sätze sinnvoll miteinander und achte auch auf deine Aussprache.

Höre während der gesamten Prüfung aufmerksam zu, was dein*e Prüfungspartner*in und auch die beiden Prüfer*innen sagen. Frag unbedingt nach, wenn du etwas nicht verstanden hast, z. B. „Kannst du / Können Sie das bitte wiederholen?". Antworte nie einfach so!

Natürlich machst du noch Fehler beim Sprechen. Wichtig ist, dass die anderen – d. h. Prüfungspartner*in und Prüfer*innen – problemlos verstehen, was du ihnen mitteilen möchtest.

Sprechen Teil 1: Aufgabenformat und Strategie

Aufgabenformat

Im ersten Teil der mündlichen Prüfung geht es darum, Informationen zur Person zu erfragen bzw. zu geben.

Auf dem Tisch liegen – verdeckt – mehrere Karten mit einem Stichwort darauf, z. B. „Geburtstag", „Wohnort", „Schule", „Hobby" etc. Zuerst spielen die beiden Prüfer*innen eine Beispielsituation vor: Prüfer*in A stellt eine Frage und Prüfer*in B antwortet.

Nun zieht Kandidat*in 1 vier Karten. Er/Sie hat 15 bis 20 Sekunden Zeit, sich die Karten anzusehen (die/der Prüfungspartner*in kann die Karten natürlich nicht sehen) und Fragen zu überlegen. Dann stellt er/sie die Fragen und Kandidat*in 2 antwortet. Dann zieht Kandidat*in 2 vier Karten und das Ganze wiederholt sich, bis alle Fragen beantwortet sind.

Strategie

Du sprichst deine*n Prüfungspartner*in mit „du" an, die Prüfer*innen natürlich mit „Sie".

Für die Beantwortung jeder Frage solltest du zwei, drei Sätze verwenden, die mit dem Stichwort zu tun haben und gut miteinander zusammenhängen.

Wenn du eine Frage oder eine Antwort nicht ganz verstanden hast, darfst du natürlich nachfragen, z. B. so: „Entschuldigung, das habe ich nicht verstanden. Kannst du das bitte wiederholen?".

Sprechen

Teil 1: Aufgaben

Sprechen Teil 1

Du bekommst vier Karten und stellst mit diesen Karten vier Fragen.
Dein Partner / Deine Partnerin antwortet. Dann stellt dein Partner / deine Partnerin vier Fragen und du antwortest.

Kandidat/in 1:

Fragen zur Person
Fremdsprachen?

Fragen zur Person
Eltern?

Fragen zur Person
Alter?

Fragen zur Person
Wohnort?

Kandidat/in 2:

Fragen zur Person
Hobby?

Fragen zur Person
Stadt?

Fragen zur Person
Geschwister?

Fragen zur Person
Geburtstag?

Sprechen

Teil 1: Training

Sprechen Teil 1: Training

1 **Lies zuerst die folgenden Karten.**

Fragen zur Person	*Fragen zur Person*
Heimatland?	**Familie?**

Fragen zur Person	*Fragen zur Person*
Schüler/in?	**nach der Schule?**

2 **Stellt euch nun gegenseitig Fragen zu den Karten. Verwendet die vorgegebenen Wörter oder formuliert eigene Fragen. Antwortet dann auf die Fragen.**

Fragen zu „Heimatland":

Woher _____?

Was _____?

_____?

Fragen zu „Familie":

Wie groß _____?

Hast du _____?

_____?

Fragen zu „Schüler/in":

Bist du _____?

In welche Klasse _____?

_____?

Fragen zu „nach der Schule":

Was _____?

Hast du Zeit _____?

_____?

1 Sprechen

Teil 2: Aufgabenformat und Strategie

Sprechen Teil 2: Aufgabenformat und Strategie

Aufgabenformat

Im zweiten Teil der mündlichen Prüfung geht es darum, Informationen über sich selbst (z. B. Gewohnheiten, Beschäftigungen, Aktivitäten, Hobbys, Schule, Freizeit, Pläne etc.) zu geben und entsprechende Fragen zu beantworten.

Dazu bekommt jede*r Teilnehmende von Prüfer*in A eine Aufgabenkarte mit einer Frage und vier Stichworten darauf. Die Teilnehmenden haben 15 bis 20 Sekunden Zeit, sich die Karte anzusehen und zu überlegen.

Nun hält Kandidat*in 2 einen freien, zusammenhängenden Vortrag. Anschließend stellt Prüfer*in A ein, zwei Fragen zum Thema, die die/der Kandidat*in beantwortet. Dann wiederholt sich das Ganze mit Kandidat*in 1.

Strategie

Zu jedem Stichwort solltest du zwei, drei Sätze formulieren.

Die Reihenfolge, in der du die vier Stichworte behandelst, bestimmst du.

Frage nach, falls dir ein Stichwort unbekannt ist.

Wenn du willst, kannst du auch ein weiteres, von dir gewähltes Stichwort hinzufügen.

Sprechen

Teil 2: Aufgaben

Sprechen Teil 2

Du bekommst eine Karte und erzählst etwas über dein Leben.

Kandidat/in 1:

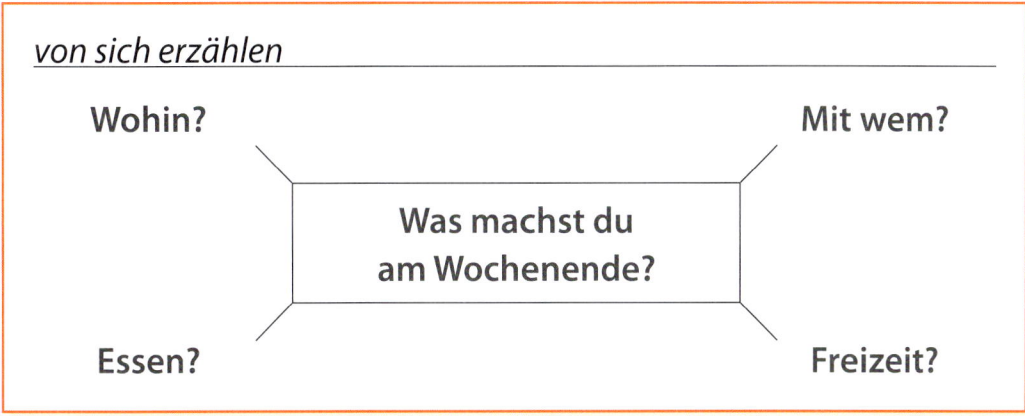

Kandidat/in 2:

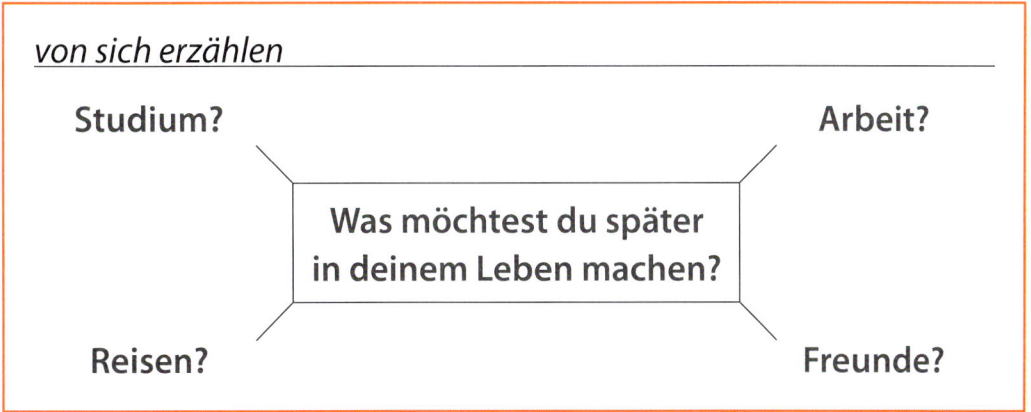

Sprechen

Teil 2: Training

Sprechen Teil 2: Training

1 Lies zuerst die Aufgabenkarte.

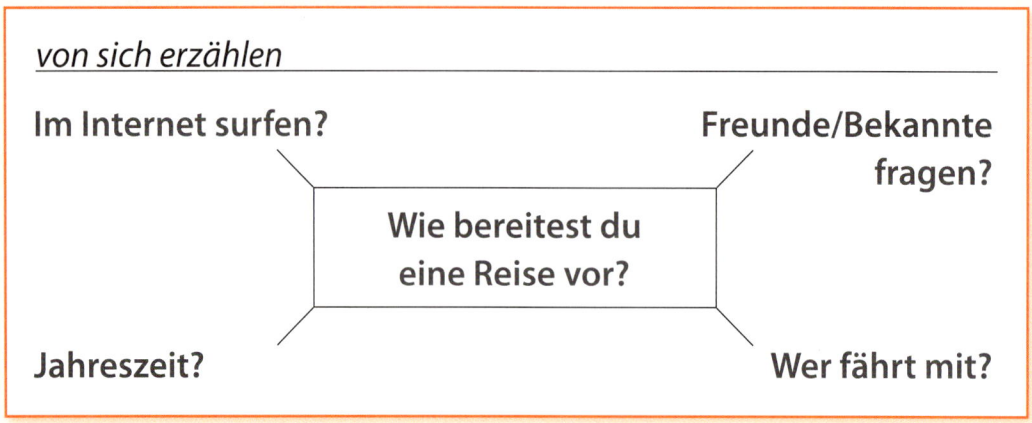

2 Bilde zwei oder drei Sätze zu jedem Stichwort.

Im Internet surfen: Informationen und Fotos – Reiseziele und Preise vergleichen – Notizen machen

_____

_____

Freunde/Bekannte fragen: Reiseziele empfehlen – Informationen über Sehenswürdigkeiten – Sonstige Tipps

_____

_____

Jahreszeit: Dauer der Reise – Sommer oder Winter – Was mitnehmen

_____

_____

Wer fährt mit: Familie oder Freunde – Allein oder in einer Gruppe – Wer passt zusammen

_____

_____

3 Überlege dir nun ein bis zwei weitere Stichpunkte, z. B. Inland oder Ausland, Natur oder Kultur, Unterkunft etc., formuliere Fragen und antworte darauf.

_____

_____

48 | Prüfungstraining | Goethe-Zertifikat A2 Fit in Deutsch | © Cornelsen Verlag GmbH, Berlin

Sprechen Teil 3: Aufgabenformat und Strategie

Aufgabenformat

Im letzten Teil der mündlichen Prüfung sollst du gemeinsam mit deiner/deinem Prüfungspartner*in etwas planen.

Dazu bekommt jede*r Kandidat*in ein Aufgabenblatt (meistens ist es ein Kalenderblatt, es kann aber auch ein Assoziogramm sein) mit unterschiedlichen Angaben. Zum Beispiel hat Kandidat*in 1 keine Zeit, wenn Kandidat*in 2 Zeit hat. Natürlich kann die/der Kandidat*in nicht sehen, was auf dem Aufgabenblatt der/des Prüfungspartners/Prüfungspartnerin steht.

Prüfer*in A teilt die Aufgabenblätter aus, erklärt den Teilnehmenden, was zu tun ist, und lässt ihnen Zeit (wieder 15 bis 20 Sekunden), ihr Aufgabenblatt zu lesen und zu überlegen. Kandidat*in 1 beginnt und macht einen ersten Vorschlag. Kandidat*in 2 reagiert auf diesen Vorschlag, begründet seine/ihre Reaktion und schlägt etwas anderes vor. Nun ist wieder Kandidat*in 1 dran und es geht so weiter mit Fragen und Antworten, Akzeptieren und Ablehnen, Kommentieren und Begründen, bis die beiden Teilnehmenden zu einer Lösung kommen. Prüfer*in A stellt vielleicht ein, zwei Zwischenfragen, wenn das Gespräch ins Stocken gerät. Am Ende teilt eine*r der Teilnehmenden den Prüfer*innen mit, worauf sie sich geeinigt haben.

Falls die Kandidatinnen/Kandidaten durch Zufall relativ schnell zu einer Einigung kommen, sollten sie durch Fragen der Prüfer*innen, wie z. B. „Könntest du auch früher/später?", im Gespräch bleiben.

Strategie

Du sprichst deine*n Prüfungspartner*in mit „du" an – die Prüfer*innen natürlich mit „Sie".

Bei so einem Gespräch macht man keine langen Sätze, die beiden Sprecher*innen wechseln sich ständig ab. Höre also aufmerksam zu, was dein*e Prüfungspartner*in sagt, und reagiere entsprechend.

Wenn du eine Äußerung deiner/deines Partnerin/Partners nicht verstanden hast, kannst du natürlich nachfragen.

Für die Bewertung spielt es keine Rolle, auf welche Lösung ihr euch schließlich einigt.

Sprechen

Teil 3: Aufgaben

Sprechen Teil 3

Ihr schreibt am Dienstag einen Deutschtest und wollt am Samstag gemeinsam dafür lernen. Wann könnt ihr? Findet einen Termin.

Prüfungsteilnehmer/in A:

Samstag	03.05.
09.00	
10.00	im Supermarkt einkaufen
11.00	
12.00	
13.00	Mittagessen bei Oma
14.00	
15.00	
16.00	Hausaufgaben machen
17.00	
18.00	mit Rudi telefonieren
19.00	
20.00	ins Kino gehen

Prüfungsteilnehmer/in B:

Samstag	03.05.
09.00	
10.00	im Schwimmbad
11.00	
12.00	
13.00	Papa bei der Gartenarbeit helfen
14.00	
15.00	Computer spielen
16.00	
17.00	
18.00	neues Bücherregal montieren
19.00	
20.00	Silvias Geburtstagsparty

Sprechen

Teil 3: Redemittel und Training

Sprechen Teil 3: Redemittel und Training

1 In Teil 3 findet ein offenes Gespräch statt, es gibt keine feste Reihenfolge von Fragen, Antworten und Kommentaren. Diese Sätze helfen euch, ein lebendiges Gespräch zu führen. Verwendet sie beim Üben.

Wir müssen also … Lass uns einen passenden Termin suchen/finden.

Hast du am Freitag / um 3 Uhr Zeit? – Passt es dir am Samstag um 6?

Ja, der Termin passt.

Hm, weißt du, da kann ich leider nicht. Um diese Zeit … – Tut mir leid, das geht nicht. Ich muss nämlich … – 4 Uhr passt nicht, weil ich …

Aber um 5 habe ich Zeit. Kannst du auch um 5?

Könntest du vielleicht etwas früher/später?

Gibt es eine andere Möglichkeit?

Wann hast du denn am Sonntag Zeit?

Aha, wir können uns also um 6 treffen.

Wo wollen wir uns treffen? – Wie kommst du dahin?

Also, abgemacht: Freitag um 6 vor dem Kaufhaus/Kino.

Da ist noch etwas, was wir klären müssen: …

Ich habe folgenden Vorschlag: …

Hast du eine Idee?

Was meinst du? Wie findest du das?

Das ist sicher richtig.

Ich glaube, wir haben alles besprochen / wir sind fertig.

Lesen

Teil 1

Lesen Teil 1

Du liest in einer Zeitung diesen Text.

Wähle für die Aufgaben 1 bis 5 die richtige Lösung a, b oder c.

Radio-TOLL:
das Online-Radio speziell für Jugendliche

Auf unserer Radio-TOLL-Webseite findest du viele interessante Informationen! Und natürlich den Link, um unseren Radiosender von früh bis spät online am Computer, Smartphone oder Tablet zu hören.

Bei uns spielen wir nur deine Lieblingslieder und zwar ohne Pause. Die Titel der Lieder, die du in der letzten Stunde gehört hast, kannst du auf unserer Webseite sehen.

Wir spielen, was ihr hören wollt

Jeden Tag wählen unsere jungen Zuhörerinnen und Zuhörer die besten 21 TOLLen Lieder. Diese Top-21-Liste spielen wir jeden Abend in der Sendung um 21 Uhr. Klick bis um 17 Uhr einfach in der Musikliste des Tages auf deinen Lieblingssong und höre ihn vielleicht in der Abendsendung ☺!

Viele TOLLe Radio-Gäste

Am Samstag- und Sonntagmorgen haben wir immer einen besonderen Gast, mit dem wir über Musik, Kunst und vieles mehr sprechen. Er beantwortet nicht nur unsere Fragen, sondern auch deine. Schick uns in unserem Chat deine Fragen und nimm so am Gespräch teil. Alle Interviews gibt es auch auf unserer Webseite zu lesen oder zu hören. Schlag auch vor, wen du gerne in unserer Sendung als Gast haben möchtest!

Lesen Teil 1

Beispiel

0 Das Programm von Radio-TOLL ist …

    [a] besonders für Erwachsene.
    [x] besonders für junge Leute.
    [c] besonders für Kinder.

1 Radio-TOLL kann man …

    [a] nur abends hören, wenn man einen Computer hat.
    [b] nicht online hören.
    [c] online auf verschiedenen Geräten hören.

2 Auf der Webseite kann man …

    [a] Musikvideos sehen.
    [b] sehen, wie die Lieder heißen, die man gerade hört.
    [c] nur eine Stunde lang Musik hören.

3 Um 21 Uhr …

    [a] hören alle ihr Lieblingslied.
    [b] kann man sein Lieblingslied wählen.
    [c] spielen sie 21 Lieder, die die Zuhörerinnen und Zuhörer vorher gewählt haben.

4 Am Wochenende …

    [a] kann man Themen zum Diskutieren vorschlagen.
    [b] kann man Interviews hören.
    [c] gibt es nur Diskussionen und keine Musik.

5 Die Gäste bei Radio-TOLL …

    [a] beantworten Fragen der Zuhörerinnen und Zuhörer.
    [b] chatten mit den jungen Leuten.
    [c] singen Lieder, die die Zuhörerinnen und Zuhörer mögen.

Lesen Teil 2

Du bist auf einer Veranstaltung und liest das Programm.

Lies die Aufgaben 6 bis 10 und den Text.
Welcher Ort passt?

Wähle die richtige Lösung

Beispiel

0   Du hättest gern ein neues Bett für dein Zimmer.

   a Raum 1
   ☒ Raum 5
   c anderer Raum

6   Du möchtest deinem Vater eine Kaffeemaschine schenken.

   a Raum 2
   b Raum 3
   c anderer Raum

7   Deine Mutter möchte Gartenstühle kaufen.

   a Raum 1
   b Raum 4
   c anderer Raum

8   Du suchst einen Bademantel für deine kleine Schwester.

   a Raum 3
   b Raum 5
   c anderer Raum

9   Ihr braucht neue Teller und Gläser.

   a Raum 3
   b Raum 4
   c anderer Raum

10   Für deinen Schreibtisch brauchst du eine Lampe.

   a Raum 1
   b Raum 2
   c anderer Raum

Lesen Teil 2

Ausstellung „Alles fürs Haus"

Raum 1
Möbel für Wohnzimmer und Küche
Lampen, Lichterketten und Teppiche
Bilder und Bilderrahmen
11.00 Uhr: Buntes Zimmer: alles über Farben für Wände und Möbel!

Raum 2
Küchengeräte und Küchenmaschinen
Gläser, Tassen und Besteck
Teller aus verschiedenen Materialien (u. a. Keramik und Holz)
12.00 Uhr: Mit dem neuen „Trix-Mixer" machen Sie die besten Suppen und Säfte.

Raum 3
Badkeramik (Waschbecken, Dusch- und Badewannen, Toiletten)
Badezimmermöbel
Handtücher und Bademäntel
Seifen, Shampoos und Parfums

Raum 4
Gartenmöbel
Gartendächer
Gartenhäuser
10 & 12.00 Uhr: Baue einen Gartentisch oder ändere deinen alten, wir zeigen dir wie!

Raum 5
Baby-Zimmer
Kinderzimmer
Jugendzimmer
Ökologische Spielsachen

Lesen Teil 3

Du liest eine E-Mail.

Wähle für die Aufgaben 11 bis 15 die richtige Lösung a, b *oder* c.

Lieber Jan!

Es sind erst einige Wochen vergangen, seitdem wir uns das letzte Mal getroffen haben, aber irgendwie kommt es mir viel länger vor. Seit August ist so viel passiert. Im September haben die Schule und natürlich die Hausaufgaben wieder angefangen . Das gefällt mir nicht besonders. In die Schule gehe ich gern, weil ich dort meine Freunde treffe. Aber jeden Nachmittag zwei Stunden lernen, ist schon blöd. Wie läuft es bei dir in der Schule? Was machst du, wenn du mit den Hausaufgaben fertig bist?

Ich habe ein neues Hobby! Dass ich sehr, sehr gerne male, hast du ja im Urlaub schon gesehen. Mein guter Freund Julius malt auch sehr gern und er hat im Sommer etwas Neues ausprobiert: Graffitis malen! Als mir Julius darüber erzählt und einige seiner Bilder gezeigt hat, wollte ich das sofort auch lernen. Ich habe im Internet ganz viele Videos gefunden mit verschiedenen Tipps, habe Graffiti-Farben gekauft und übe jetzt fleißig!

Meine Eltern finden mein neues Hobby auch toll, solange ich natürlich keine fremde Wand anmale. Aber vielleicht darf ich später in meinem Zimmer eine Wand anmalen und meine eigene Graffiti-Wand haben. Meine Eltern erlauben es mir aber noch nicht. Sie sagen, dass ich gerade mit dem Graffiti-Malen angefangen habe und erstmal auf dem Papier üben soll, bevor ich eine Wand bemale. Da haben sie auch recht.

Du, ich habe in einem Monat eine Woche frei! Vielleicht könnten wir uns dann treffen! Ich male auch schon ein Bild für dich, das ich dir schicken wollte. Aber es wäre viel schöner, wenn ich es dir geben könnte. Hast du Lust zu kommen?

Liebe Grüße
Leon

Lesen Teil 3

11 Wann haben sich Leon und Jan das letzte Mal getroffen?

- [a] Im September.
- [b] Im August.
- [c] Vor einer Woche.

12 Warum ärgert sich Leon?

- [a] Weil er viel lernen muss.
- [b] Weil es in der Schule langweilig ist.
- [c] Weil er in der Schule keine Freunde hat.

13 Wie hat Leon Graffiti-Malen gelernt?

- [a] Sein Freund hat ihm Tipps gegeben und Farben geliehen.
- [b] Über das Internet.
- [c] Von einem Freund im Urlaub.

14 Was sagen Leons Eltern zu seinem neuen Hobby?

- [a] Dass es nicht so interessant ist.
- [b] Dass Leon es noch nicht so gut kann, um an eine Wand zu malen.
- [c] Dass man Graffiti-Bilder lieber an fremde Wände malen sollte.

15 Wann können sich Leon und Jan treffen?

- [a] In einer Woche.
- [b] Wenn Leons Eltern das erlauben.
- [c] In einem Monat.

2 Lesen

Teil 4

Lesen Teil 4

Sechs Jugendliche suchen im Internet Informationen über Haustiere.

Lies die Aufgaben 16 bis 20 und die Anzeigen a bis f.
Welche Anzeige passt zu welcher Person?
Für eine Aufgabe gibt es keine Lösung. Markiere so: X.

Die Anzeige aus dem Beispiel kannst du nicht mehr wählen.

Beispiel

0 Celina möchte eine Katze haben. | a |

16 Adrian liebt Hunde und sucht nach einem Ferienjob.

17 Teresas Hamster ist krank.

18 Ferdinand möchte ein Häuschen für seinen Hund kaufen.

19 Emilians Katze ist gestorben und er hat viele Katzenspielsachen zu verschenken.

20 Alexandra möchte übers Wochenende wegfahren, weiß aber nicht, was sie mit ihrer Katze machen soll.

Lesen Teil 4

www.alles-ueber-tiere.example.org

Alles, was Sie über Haustiere wissen müssen!

☒ **Babykatzen**
Unsere Katze Lucy hat sechs süße Kätzchen bekommen. Sie sind jetzt zwei Monate alt und suchen ein neues Zuhause! Sie waren schon beim Tierarzt und können ab sofort an tierfreundliche Familien verschenkt werden. Bei Interesse melden Sie sich bei Flora Kruse, Tel. 0162-208 14 30.

[b] **Hamsterhaus**
Ich bastle für Hamster Häuser, Rennbahnen, Hamsterräder und Verschiedenes aus Holz. Farbe und Größe nach Wunsch. Super Qualität und gute Preise! Auf meiner Seite www.hausfuerhamster.example.net kann man alle Produkte sehen und natürlich auch bestellen!

[c] **Hunde-Aufpasser gesucht**
Wir suchen für unseren Hund Max für die Zeit vom 12. Juni bis zum 5. Juli einen Hunde-Sitter mit Erfahrung, der auf Max aufpasst, solange wir im Urlaub sind. Max ist ein sehr lieber, ruhiger und freundlicher Hund. Er geht gern spazieren und liebt es, wenn man ihn streichelt. 15 Euro/Tag. Tel. 030 68 83 17 48.

[d] **Katzenhotel „Mieze"**
Genießen Sie Ihren Urlaub ohne Sorgen um Ihre liebe Katze! Bei uns ist sie sicher und hat Spaß. Die Zimmer des Hotels bieten verschiedene Spielmöglichkeiten, sind sauber und gemütlich. In Notfällen steht immer unsere Tierärztin bereit. www.hotel-mieze.beispiel.de.

[e] **Tierheim-Flohmarkt**
Besucht am Samstag, den 15. Dezember, unseren Flohmarkt. Zusammen sind wir für Tiere da, die Hilfe brauchen. Montag und Dienstag sammeln wir für die Tiere in unserem Heim gebrauchte Hunde- und Katzensachen, die in gutem Zustand sind. Und wenn du Zeit hast, freuen wir uns über jede Person, die uns bei der Organisation und auch am Tag des Basars hilft. Infos: 089 21 58 68 00.

[f] **Tierarztpraxis Dr. Leander Bock**
Die Tierpraxis Dr. Leander Bock gibt es schon seit 20 Jahren. Mit Freude an der Arbeit und viel Erfahrung sind wir auch in den schwierigsten Fällen für Sie da. Großer Parkplatz für unsere Kunden vor der Praxis. Öffnungszeiten: Mo, Mi, Fr 09:00–13:00 Uhr und 15:00–20:00 Uhr / Di, Do, Sa 09:00–15:00 Uhr. www.tierpraxis-bock.example.org.

2 Hören

Teil 1

🔊 Hören Teil 1

Du hörst fünf kurze Texte. Du hörst jeden Text zweimal.
Wähle für die Aufgaben 1 bis 5 die richtige Lösung a, b oder c.

1 Was kann man heute im Zoo machen?

　　a Bei einem Quiz etwas gewinnen.
　　b Für drei Euro ein Poster kaufen.
　　c Alle großen Zoo-Vögel frei fliegen sehen.

2 Was möchte der Junge?

　　a In zwei Stunden ein Fußballspiel sehen.
　　b Länger bei seinem Freund bleiben.
　　c Pizza für seine Freunde bestellen.

3 Wie viele Personen sind verletzt?

　　a Eine Person.
　　b Zwei Personen.
　　c Vier Personen.

4 Was für Kosmetik-Produkte sind nur heute im Angebot?

　　a Alle Produkte.
　　b Produkte für Kinder.
　　c Verschiedene Cremes für Männer und Frauen.

5 In welcher Halle gibt es eine Verspätung?

　　a In Halle 1.
　　b In Halle 2.
　　c In Halle 3.

Hören Teil 2

Du hörst ein Gespräch. Du hörst den Text einmal.
Warum waren Elli, Johann und ihre Freunde letzte Woche nicht im Schulkonzert?

Wähle für die Aufgaben 6 bis 10 ein passendes Bild aus a bis i.
Wähle jeden Buchstaben nur einmal. Sieh dir jetzt die Bilder an.

Person	0 Elli	6 Liam	7 Carlos	8 Konrad	9 Alena	10 Ahmet
Lösung	h					

 a ___
 b ___
 c ___

 d ___
 e ___
 f ___

 g ___
 ☒ ___
 i ___

2 Hören
Teil 3

🔊 Hören Teil 3

Du hörst fünf kurze Gespräche. Du hörst jeden Text einmal.
Wähle für die Aufgaben 11 bis 15 die richtige Lösung a, b oder c.

11 Was hat der Junge noch nicht gepackt?

a b c

12 Was bekommt Miriam zum Geburtstag?

a b c

13 Was macht der Mann?

a b c

14 Was leiht der Junge dem Mädchen?

 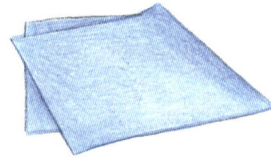 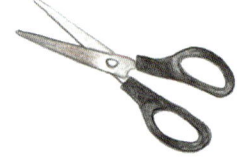

a b c

15 Wie fährt der Junge morgen zur Schule?

a b c

Hören Teil 4

Du hörst ein Interview. Du hörst den Text zweimal.
Wähle für die Aufgaben 16 bis 20 Ja oder Nein.
Lies jetzt die Aufgaben.

Beispiel

0   Heute geht es im Interview um Pferde.   ~~Ja~~   Nein

16   Thomas trainiert Pferde.   Ja   Nein
17   Pferde lernen von Pferdeflüsterern die Sprache der Menschen.   Ja   Nein
18   Die Ohren sind am wichtigsten, wenn man ein Pferd verstehen möchte.   Ja   Nein
19   Thomas kann schon seit seinem 3. Lebensjahr allein reiten.   Ja   Nein
20   Thomas bekommt nicht so gute Noten in der Schule.   Ja   Nein

2 Schreiben

Teil 1

Schreiben Teil 1

Du möchtest mit deiner Freundin Charlotte ins Kino gehen und schreibst ihr eine SMS.

- Frag Charlotte, wann sie Zeit hat.
- Sag, an welchem Tag du nicht kannst und warum.
- Frag sie, ob ihr Bruder auch mitkommen möchte.

Schreib 20–30 Wörter.
Schreib zu allen drei Punkten.

Schreiben Teil 2

Dein Nachbar, Herr Berger, feiert am Sonntag Geburtstag und hat dich zu einer kleinen Party eingeladen. Schreib Herrn Berger eine E-Mail:

- Bedank dich und sag, dass du kommst.
- Frag, ob du deine Schwester Monika mitbringen darfst.
- Sag, dass du tolle Musik zum Tanzen machen kannst.

Schreib 30–40 Wörter.
Schreib zu allen drei Punkten.

2 Sprechen
Teil 1

Sprechen Teil 1

Du bekommst vier Karten und stellst mit diesen Karten vier Fragen.
Dein Partner / Deine Partnerin antwortet. Dann stellt dein Partner / deine Partnerin vier Fragen und du antwortest.

Kandidat/in 1:

Fragen zur Person	Fragen zur Person
Klasse?	**Lieblingsfach?**
Fragen zur Person	Fragen zur Person
Frühstück?	**Tanzen?**

Kandidat/in 2:

Fragen zur Person	Fragen zur Person
Adresse?	**Schule?**
Fragen zur Person	Fragen zur Person
Großeltern?	**Sport?**

Sprechen Teil 2

Du bekommst eine Karte und erzählst etwas über dein Leben.

Kandidat/in 1:

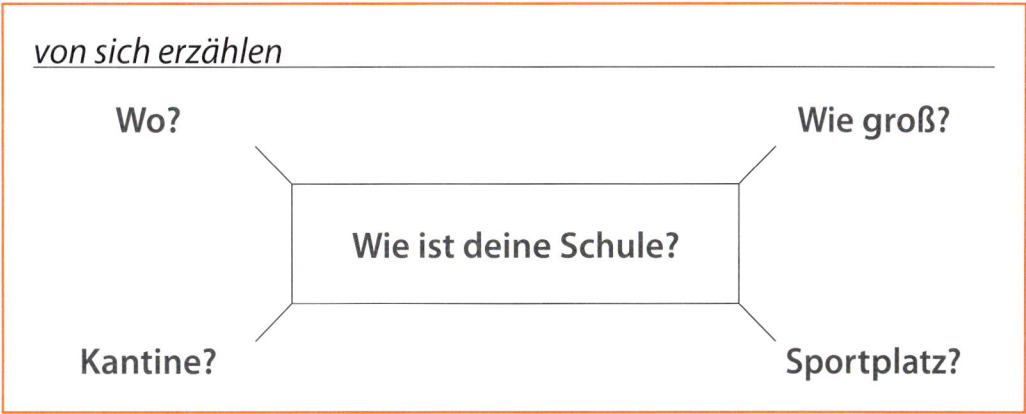

von sich erzählen

- Wo?
- Wie groß?
- Wie ist deine Schule?
- Kantine?
- Sportplatz?

Kandidat/in 2:

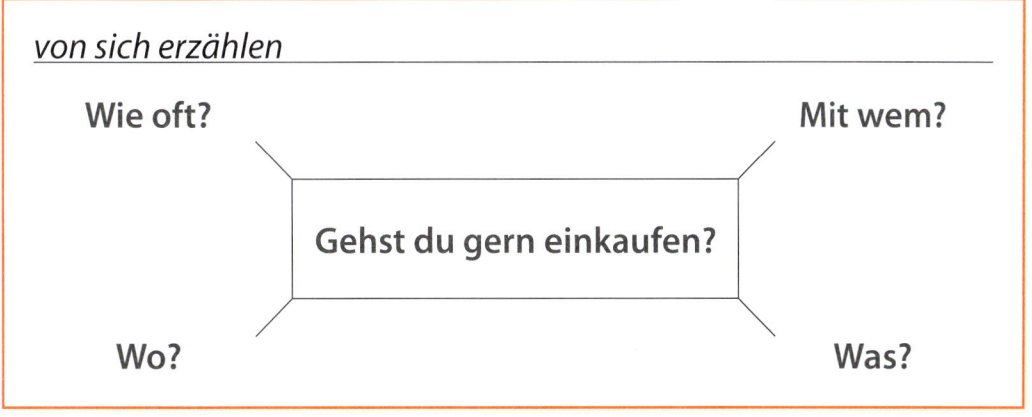

von sich erzählen

- Wie oft?
- Mit wem?
- Gehst du gern einkaufen?
- Wo?
- Was?

Sprechen

Teil 3

Sprechen Teil 3

Ihr wollt am Samstag ein Geschenk für das neue Baby eurer Klassenlehrerin kaufen. Findet einen Termin.

Prüfungsteilnehmer/in A:

Samstag	23.06.
08.00	Radtour im Park
09.00	
10.00	
11.00	
12.00	Mittagessen bei Rudi
13.00	
14.00	Buch in die Bibliothek bringen
15.00	
16.00	
17.00	Hausaufgaben machen
18.00	
19.00	Konzert
20.00	
21.00	

Sprechen Teil 3

Ihr wollt am Samstag ein Geschenk für das neue Baby eurer Klassenlehrerin kaufen. Findet einen Termin.

Prüfungsteilnehmer/in B:

	Samstag	23.06.
08.00		
09.00		
10.00	Joggen	
11.00	Zimmer aufräumen	
12.00		
13.00	Papa im Garten helfen	
14.00		
15.00		
16.00		
17.00	für den Mathetest lernen	
18.00		
19.00	Gabi im Café treffen	
20.00		
21.00		

3 Lesen

Teil 1

Lesen Teil 1

Du liest in einer Zeitschrift diesen Text.

Wähle für die Aufgaben 1 bis 5 die richtige Lösung a, b oder c.

Reparaturtreffen in Lindenthal

Selbst reparieren? Das geht!

Kaputte Sachen selbst zu reparieren ist sehr günstig und auch gut für die Umwelt! Versucht es mal beim nächsten Reparaturtreffen! Unsere Techniker helfen euch dabei. Sie erklären euch, was ihr machen sollt und was ihr vielleicht braucht, um euer kaputtes Smartphone oder euer altes Fahrrad zu reparieren.

Wann & wo? Am 12. November von 12.00 bis 17.00 Uhr wird im „Hammer-Café" repariert! Denn mit Kaffee und Kuchen geht jede Reparatur natürlich besser! Informiert euch auf unserer Webseite über die nächsten Termine. Wir treffen uns jeden Monat zweimal.

Was? Zusammen reparieren wir kaputte Spielsachen, Handys, Smartphones, Haushaltsgeräte, Computer, Fahrräder und einiges mehr. Wenn ihr euch nicht sicher seid, ob wir bei der Reparatur einer Sache helfen können, ruft uns einfach an.

Wie? Ganz einfach: Unsere Fachleute erklären euch ganz genau, was ihr machen sollt, und geben euch alles, was ihr braucht, um das kaputte Spielzeug, Gerät oder Fahrzeug neu zu beleben! Meldet euch online an und reserviert euren Platz! Anmeldungen bis zum 11. November.

Kosten? Hilfe und Tipps kosten euch nichts. Ihr zahlt nur für Ersatzteile, die neu gekauft werden müssen, und natürlich für Teile, die man extra bestellen muss.

Lesen Teil 1

Beispiel

0 Beim Reparaturtreffen …

☒ a bekommt man Hilfe, um kaputte Sachen selbst zu reparieren.
☐ b bekommt man Informationen zu Umweltthemen.
☐ c reparieren Techniker kaputte Sachen ganz billig.

1 Das Treffen …

☐ a dauert sieben Stunden.
☐ b findet im November einmal statt.
☐ c findet in einem Café statt, weil es dort gemütlicher ist.

2 Auf der Webseite …

☐ a findet man Tipps, um kaputte Sachen allein zu reparieren.
☐ b kann man Kaffee und Kuchen bestellen.
☐ c sieht man, wann die Treffen stattfinden.

3 Man soll anrufen, wenn …

☐ a man sein Fahrrad reparieren möchte.
☐ b man mehr als eine Sache reparieren möchte.
☐ c man nicht weiß, ob man eine Sache noch reparieren kann.

4 Bis zum 11. November muss man …

☐ a die kaputten Sachen hinbringen.
☐ b für seinen Platz bezahlen.
☐ c sich anmelden.

5 Bezahlen muss, wer …

☐ a Elektrogeräte reparieren möchte.
☐ b neue Teile braucht.
☐ c viel Hilfe braucht.

3 Lesen

Teil 2

Lesen Teil 2

Du bist in einem Einkaufszentrum und liest die Informationstafel.

Lies die Aufgaben 6 bis 10 und den Text.
Welcher Ort passt?

Wähle die richtige Lösung a, b oder c.

Beispiel

0 Du möchtest ein Buch kaufen.

☒ 1. Etage
☐ b 4. Etage
☐ c andere Etage

6 Du brauchst einen Koffer für deine nächste Reise.

☐ a 2. Etage
☐ b 3. Etage
☐ c andere Etage

7 Du möchtest etwas zu Mittag essen.

☐ a 1. Etage
☐ b 5. Etage
☐ c andere Etage

8 Du willst deinem Freund zum Geburtstag ein Puzzle schenken.

☐ a 3. Etage
☐ b 4. Etage
☐ c andere Etage

9 Du möchtest eine neue Uhr kaufen.

☐ a 1. Etage
☐ b 2. Etage
☐ c andere Etage

10 Du brauchst Medikamente für deine Oma.

☐ a 4. Etage
☐ b 5. Etage
☐ c andere Etage

Lesen Teil 2

Marla Shopping-Center:
Einkaufen auf fünf Etagen!

1. Etage
- **Lia Graf:** Was man für die Reise braucht
- **Pfeiffer:** Buchhandlung und Schreibwaren
- **Saftbar Madagaskar**
- **Scarpe Belle:** Herren- und Damenschuhe

2. Etage
- **Bankautomat**
- **Eis Marcello**
- **Joleen:** Schmuck- und Uhrenladen
- **Lennox Musikgeschäft:** Musikinstrumente und Zubehör

3. Etage
- **Apotheke Schilling**
- **Optiker Bachmann:** Brillen, Sonnenbrillen und Kontaktlinsen
- **Romys Kinderschuhe**
- **Toiletten**

4. Etage
- **Animali-Tiershop:** Alles für dein Haustier
- **B & F:** Mode für alle
- **Felicitas:** Kosmetik und Parfüms
- **Linus' Spielzeug:** Kinderspielsachen, Brettspiele und mehr

5. Etage
- **Café Schoko**
- **Pizzeria Bueno**
- **Restaurant Zam**
- **Kinderspielplatz**

Lesen Teil 3

Du liest eine E-Mail.

Wähle für die Aufgaben 11 bis 15 die richtige Lösung [a], [b] oder [c].

Lieber Damian!

Wie geht es dir? Alles fertig für den Urlaub? Fahrt ihr wieder nach Italien zum Campen? Wir kommen dieses Jahr leider nicht. Ich bin so traurig. Einerseits weil wir nicht kommen, aber auch, weil mein Zeugnis so schlecht war und ich jetzt Ärger mit meinen Eltern habe! Wie waren denn deine Noten?

Ich hatte noch nie so schlechte Noten. Zum Glück muss ich aber nicht die Klasse wiederholen. In der letzten Klassenarbeit habe ich es doch noch geschafft die Klasse zu bestehen. Zum Schluss habe ich alles gegeben und in Mathe eine Zwei bekommen! Die hat mich gerettet.

Meine Eltern waren trotzdem sehr sauer und wollten, dass ich in den Ferien jeden Tag lerne und so alles wiederhole, was ich dieses Jahr nicht gelernt habe. Nun, in der ersten Woche habe ich gar nichts gemacht. Ich fand das alles einfach viel zu streng. Sie sind aber hart geblieben und haben mir sogar verboten auszugehen. Und Taschengeld habe ich natürlich auch keins bekommen, solange ich nicht gelernt habe! Also habe ich dann doch mit dem Lernen angefangen und nach zwei Wochen endlich wieder meine Freundinnen getroffen.

Ich lerne jetzt zwei Stunden am Tag, dann prüft mich meine Mutter oder mein Vater und wenn ich alles kann, bin ich frei. Wenn nicht, muss ich länger lernen. Das passiert manchmal, besonders in Geschichte, denn da habe ich das ganze Jahr lang am wenigsten gelernt.

Schade, dass wir uns dieses Jahr nicht auf dem Campingplatz sehen. Wer weiß, vielleicht treffen wir uns woanders! Schick doch mal Fotos vom Urlaub!

Ganz liebe Grüße,
Franziska

Lesen Teil 3

11 Warum ist Franziska traurig?

    a Sie hat in Mathe eine Zwei bekommen.
    b Sie muss die Klasse wiederholen.
    c Sie trifft Damian in den Ferien nicht.

12 Wie war Franziska dieses Jahr in der Schule?

    a Sie hat das ganze Jahr nur Mathe gelernt.
    b Sie hatte im Allgemeinen keine guten Noten.
    c Zum Schluss hat sie in zwei Fächern sehr gute Noten bekommen.

13 Was haben Franziskas Eltern gesagt?

    a Dass sie alles lernen muss, was sie dieses Jahr in der Schule gemacht haben.
    b Dass sie sich im Sommer einen Ferienjob suchen muss.
    c Dass sie in den Ferien kein Taschengeld bekommt und ihre Freundinnen nicht sehen darf.

14 Was hat Franziska getan?

    a Sie hat eine Woche lang nichts gelernt.
    b Sie hat ohne die Erlaubnis ihrer Eltern jeden Tag ihre Freundinnen getroffen.
    c Sie hat sofort auf ihre Eltern gehört.

15 Was macht Franziska jetzt?

    a Sie lernt nie länger als zwei Stunden am Tag.
    b Sie lernt jeden Tag zwei Stunden Geschichte.
    c Sie lernt jeden Tag und ihre Eltern prüfen, ob sie alles kann.

3 Lesen
Teil 4

Lesen Teil 4

Sechs Jugendliche suchen im Internet nach einer passenden Unterkunft für den Sommer.

Lies die Aufgaben 16 bis 20 und die Anzeigen [a] bis [f].
Welche Anzeige passt zu welcher Person?
Für eine Aufgabe gibt es keine Lösung. Markiere so: [X].

Die Anzeige aus dem Beispiel kannst du nicht mehr wählen.

Beispiel

0   Alina zeltet gern. | *a* |

16   Richard liebt Wassersport.

17   Greta und ihre Familie wollen im Urlaub lieber allein sein.

18   Antonia sucht für die Klassenfahrt mehrere 6-Bett-Zimmer zu einem guten Preis.

19   Tilda möchte ihrer Mutter ein ruhiges Wochenende in einem Hotel in Deutschland schenken.

20   Robin sucht für drei Personen und einen Hund ein Ferienhaus in Italien.

Lesen Teil 4

www.urlaub-fuer-alle.beispiel.de

Buchen Sie jetzt Ihren Urlaub online!

☒ **Campingplatz „Helios"**
Genießt euren Urlaub an der frischen Luft Griechenlands, direkt am Meer. Mit vielen breiten und schattigen Stellplätzen für eure Zelte, verschiedenen Restaurants in der Nähe und einer tollen Atmosphäre! Und all das zu einem supergünstigen Preis. Nehmt also euer Zelt und los geht's!

b **Hotel „Villa Mare" – alles inklusive**
Urlaub an den wunderschönen Stränden Italiens! In unserem Traumpaket sind Übernachtung in einem Doppelzimmer plus Mittag- und Abendessen in unserem Restaurant oder an der Pool-Bar mit dabei. Unsere Gäste zahlen vor dem Urlaub und denken dann nicht mehr an die Kosten, sondern nur an die Sonne und das Meer!

c **Ferienhaus an der Ostsee**
95 qm, 3 Schlafzimmer (1 Doppelbett und 4 Einzelbetten), bis 6 Personen
Koch- und Grillmöglichkeit, 2 Badezimmer und ein großes, gemütliches Wohnzimmer. Haustiere erlaubt.
Für einen Urlaub mit Freunden oder Familie in Deutschland. Ruhig und frei wie zu Hause!

d **Jugendherberge „Alpentraum"**
30 Mehrbettzimmer mit 4 bis 8 Betten sorgen für einen tollen Urlaub zusammen mit Freunden in den Alpen, direkt am Freibergsee. Mit Tischtennisraum, Basketballplatz und Fahrrädern zum Ausleihen. Verbringt eine tolle Zeit mit Freunden oder Familie in der alpinen Natur. Besondere Angebote für Schulklassen.

e **Hotel „Surfer's Paradise"**
Bleibt im Urlaub aktiv und fit! Hier wird es niemandem langweilig: Schwimmen, Wasserski, Surfen, Windsurfen, Kanu-Touren und Taucherausbildung werden täglich angeboten. Bucht jetzt eines unserer bequemen Doppelzimmer. Diesen Spanien-Urlaub am Meer werdet ihr nie vergessen!

f **Wellness-Hotel**
Viele träumen von einem Urlaub, in dem sie sich den ganzen Tag nur ausruhen und etwas Gutes für ihren Körper tun. Nun, in unserem Hotel sorgen wir für einen gemütlichen Urlaub am Strand an der deutschen Nordsee. Hier erwarten unsere Gäste geschmackvolle Einzel- oder Doppelzimmer, ein Innen- und ein Außenpool und tolles Essen in unserem Restaurant. Ideal für Familien!

3 Hören

Teil 1

🔊 Hören Teil 1

*Du hörst fünf kurze Texte. Du hörst jeden Text zweimal.
Wähle für die Aufgaben 1 bis 5 die richtige Lösung a, b oder c.*

1 Was mag dieses Mädchen an der Schule nicht?

  a Dass der Unterricht immer in einem Klassenraum stattfindet.
  b Dass man viele Hausaufgaben hat.
  c Dass es zu wenig Sport und Kunst gibt.

2 Welche Auskunft bekommt man in der Ansage im Flugzeug?

  a Der Flug hat sich verspätet, weil es stark geschneit hat.
  b Der Flug verspätet sich noch um zwei Stunden und 20 Minuten.
  c Jetzt scheint wieder die Sonne und es sind zehn Grad.

3 Was ist heute im Angebot?

  a Gemüse.
  b Obst.
  c Schokolade.

4 Was müssen die Jungen noch für ihre Reise organisieren?

  a Die Flugtickets.
  b Ihre Badesachen.
  c Wo sie wohnen werden.

5 Warum ist die heutige Radiosendung so besonders?

  a Man kann seiner Mutter zum Muttertag etwas wünschen.
  b Man kann seiner Mutter zum Geburtstag gratulieren.
  c Man kann sich sein Lieblingslied wünschen.

Hören Teil 2

Du hörst ein Gespräch. Du hörst den Text einmal.
Wie haben Daniels und Lanas Freunde ihren Geburtstag gefeiert?

Wähle für die Aufgaben 6 bis 10 ein passendes Bild aus a bis i.
Wähle jeden Buchstaben nur einmal. Sieh dir jetzt die Bilder an.

Person	0 Daniel	6 Oliver	7 Elisa	8 Stella	9 Petra	10 Karl
Lösung	c					

a _____

b _____

⊠ _____

d _____

e _____

f _____

g _____

h _____

i _____

3 Hören

Teil 3

🔊 Hören Teil 3

Du hörst fünf kurze Gespräche. Du hörst jeden Text einmal.
Wähle für die Aufgaben 11 bis 15 die richtige Lösung a, b oder c.

11 Was holt der Junge?

a   b   c

12 Was brauchen die Kinder noch für den Kuchen?

a   b   c

13 Was ändert Vanessa in ihrem Zimmer?

  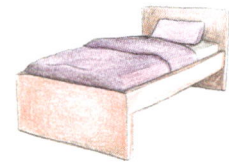

a   b   c

14 Wie wird das Wetter morgen?

a   b   c

15 Was ziehen die Mädchen auf der Party an?

a   b   c

Hören Teil 4

Du hörst ein Interview. Du hörst den Text zweimal.
Wähle für die Aufgaben 16 bis 20 Ja oder Nein.
Lies jetzt die Aufgaben.

Beispiel

| 0 | Das Thema des Interviews sind große Familien. | ~~Ja~~ | Nein |

16	Hannes hat sieben Geschwister.	Ja	Nein
17	Hannes hat kein eigenes Zimmer.	Ja	Nein
18	Hannes hört immer Musik, wenn er Hausaufgaben macht.	Ja	Nein
19	Hannes ist das älteste Kind in seiner Familie.	Ja	Nein
20	Alle teilen sich die Arbeiten im Haushalt.	Ja	Nein

3 Schreiben

Teil 1

Schreiben Teil 1

Du bist nicht sehr gut in Englisch und schreibst am kommenden Montag eine Klassenarbeit. Du schickst eine SMS an deinen Freund Sebastian.

- Sag Sebastian, warum du ihm schreibst.
- Frag, ob er dir helfen kann.
- Schlag einen Tag und eine Uhrzeit vor.

Schreib 20–30 Wörter.
Schreib zu allen drei Punkten.

Schreiben Teil 2

Der Vater von deinem Freund, Herr Lehmann, organisiert am Sonntag eine Fahrradtour und hat dich eingeladen. Schreib eine E-Mail an Herrn Lehmann:

- Bedank dich und sag, dass du mitkommst.
- Sag, dass du am frühen Nachmittag zu Hause sein musst.
- Frag nach der Uhrzeit für die Abfahrt.

Schreib 30–40 Wörter.
Schreib zu allen drei Punkten.

3 Sprechen

Teil 1

Sprechen Teil 1

Du bekommst vier Karten und stellst mit diesen Karten vier Fragen.
Dein Partner / Deine Partnerin antwortet. Dann stellt dein Partner / deine Partnerin vier Fragen und du antwortest.

Kandidat/in 1:

Fragen zur Person	*Fragen zur Person*
Computerspiele?	**Lieblingsmusik?**

Fragen zur Person	*Fragen zur Person*
Haustier?	**Reisen?**

Kandidat/in 2:

Fragen zur Person	*Fragen zur Person*
Freizeit?	**Familie?**

Fragen zur Person	*Fragen zur Person*
Internet?	**Gemüse?**

Sprechen Teil 2

Du bekommst eine Karte und erzählst etwas über dein Leben.

Kandidat/in 1:

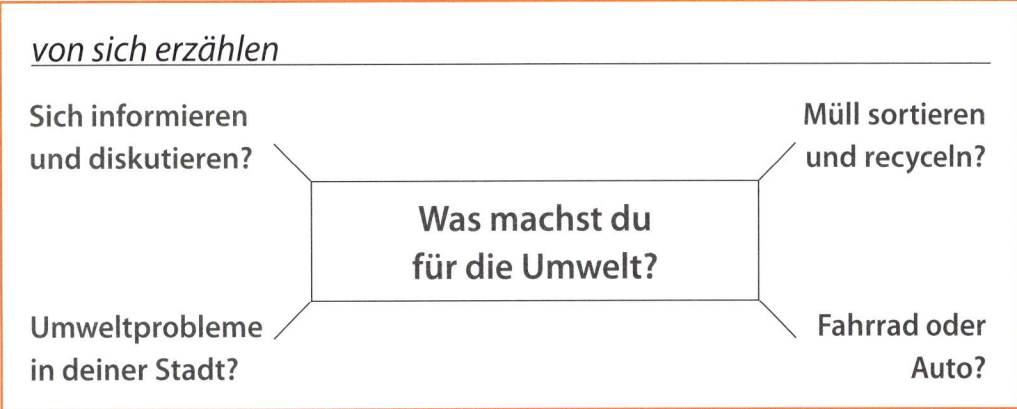

Kandidat/in 2:

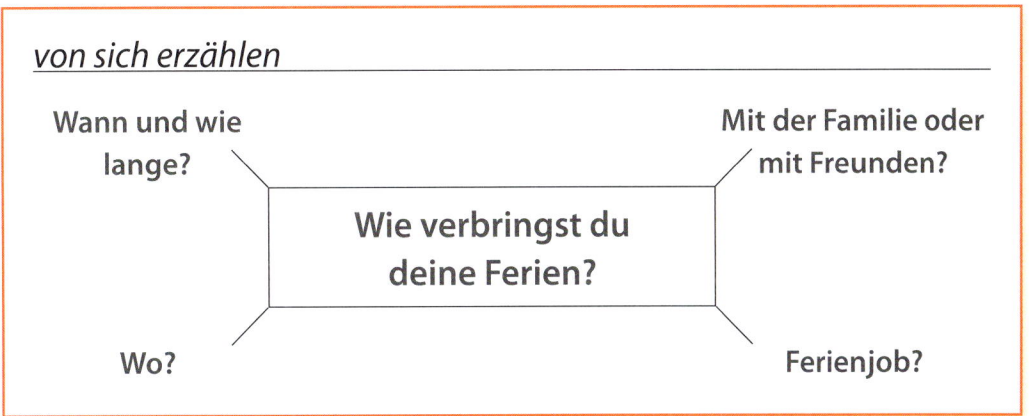

3 Sprechen
Teil 3

Sprechen Teil 3

Ihr wollt im Sommer für eine Woche zelten gehen. Findet einen Termin.

Prüfungsteilnehmer/in A:

KALENDER	
Anfang Juni	
Mitte Juni	Abschlussprüfungen in der Schule
Ende Juni	
Anfang Juli	
Mitte Juli	Großeltern auf dem Dorf besuchen
Ende Juli	
Anfang August	
Mitte August	Urlaub mit der Familie
Ende August	Besuch meiner Brieffreundin aus München
Anfang September	
Mitte September	Die Schule fängt an!
Ende September	

Sprechen Teil 3

Ihr wollt im Sommer für eine Woche zelten gehen. Findet einen Termin.

Prüfungsteilnehmer/in B:

	KALENDER
Anfang Juni	immer noch Schule
Mitte Juni	Prüfungen in der Schule
Ende Juni	Englischprüfung
Anfang Juli	
Mitte Juli	
Ende Juli	Familienurlaub
Anfang August	
Mitte August	
Ende August	Vorbereitung für den Beginn des neuen Schuljahres
Anfang September	
Mitte September	Schulanfang
Ende September	

4 Lesen
Teil 1

Lesen Teil 1

Du liest in einer Zeitschrift diesen Text.

Wähle für die Aufgaben 1 bis 5 die richtige Lösung a, b oder c.

Theater-Festival „Sehsterne" für Kinder und Jugendliche

Seit fünf Jahren findet – immer im Frühling – eines der beliebtesten Theater-Festivals statt. Mit sehr vielen Vorstellungen und Workshops wird auch dieser Frühling besonders interessant!

Vom 01. bis zum 30. Mai …
… zeigen uns Theatergruppen aus verschiedenen Schulen und Kinder- oder Jugendvereinen aus ganz Europa ihre Arbeit. Alle Theaterstücke sind auf Deutsch oder Englisch (mit deutschen Übertiteln) und dauern zwischen 10 und 50 Minuten. In unserem Programm seht ihr genau, welches Stück wann und wo gespielt wird. Anmeldungen für Theatergruppen bis zum 01. April!
… finden verschiedene Workshops für Theater-Fans statt. Auch für Anfänger! Für alle Kinder ab neun und für Jugendliche bis siebzehn, die das Theater lieben. Samstags und sonntags von 10.00 bis 19.00 Uhr. Füllt das Anmeldeformular online aus und reserviert so spätestens eine Woche vor dem Workshop euren Platz. Bitte bequeme Kleidung tragen!

Besorgt jetzt eure Eintrittskarte:
Tickets für einzelne Vorstellungen könnt ihr direkt an der Kasse des jeweiligen Theaters oder online auf unserer Webseite kaufen. Online gibt es auch Tages-, Wochen- oder Monatskarten zu kaufen. Informiert euch auf unserer Webseite über die Ermäßigungen für Geschwisterkinder.

Lesen Teil 1

Beispiel

0 Das Theater-Festival „Sehsterne" …

☒ a findet im Frühling statt.
☐ b ist für jedes Alter.
☐ c findet alle fünf Jahre statt.

1 Beim Festival …

☐ a sind nur Gruppen aus Deutschland dabei.
☐ b sind Kinder und Jugendliche die Schauspieler.
☐ c spielen Erwachsene Theaterstücke für Kinder und Jugendliche.

2 Alle Theaterstücke …

☐ a dauern mindestens 50 Minuten.
☐ b werden bis zum 01. April gespielt.
☐ c werden auf Deutsch gespielt oder übersetzt.

3 Die Workshops …

☐ a sind an den Wochenenden vom 01. bis zum 30. Mai.
☐ b finden jeden Tag von 10 bis 19 Uhr statt.
☐ c haben neun bis siebzehn Teilnehmer.

4 Wer an den Workshops teilnehmen möchte, muss …

☐ a Erfahrung in Theatergruppen haben.
☐ b erst anrufen und einen Platz reservieren.
☐ c sich bequem anziehen.

5 Weniger zahlen …

☐ a alle, die ihr Ticket an der Kasse kaufen.
☐ b alle, die mehr als eine Karte kaufen.
☐ c Geschwister, die das Festival besuchen.

4 Lesen

Teil 2

Lesen Teil 2

Du suchst einen Nachmittagskurs und liest das Programm der Thauerer-Schule.

Lies die Aufgaben 6 bis 10 und den Text.
Welcher Ort passt?

Wähle die richtige Lösung a *,* b *oder* c *.*

Beispiel

0   Du tanzt gern.

　　☒　Montag
　　b　Mittwoch
　　c　anderer Tag

6   Du siehst sehr gern Filme.

　　a　Donnerstag
　　b　Freitag
　　c　anderer Tag

7   Du möchtest außer Deutsch und Englisch noch eine weitere Sprache lernen.

　　a　Montag
　　b　Dienstag
　　c　anderer Tag

8   Deine Schwester möchte Fußballspielen lernen.

　　a　Mittwoch
　　b　Freitag
　　c　anderer Tag

9   Du möchtest ein Musikinstrument lernen.

　　a　Montag
　　b　Donnerstag
　　c　anderer Tag

10 Du spielst gern Computerspiele.

　　a　Dienstag
　　b　Mittwoch
　　c　anderer Tag

Lesen Teil 2

Nachmittagskurse an der Thauerer-Schule

Montag	• Zeichnen und Malen • Tanzkurs Latin • Englisch • Chemie und Physik
Dienstag	• Buch-Club • Bodengymnastik • Spanischkurs • Rund um den Computer
Mittwoch	• Gitarre • Kochen und Backen • Tischtennis • Fußball Jungen
Donnerstag	• Aerobic-Fitness • Fußball Mädchen • Basteln • Foto- und Videowerkstatt
Freitag	• Theatergruppe • Schmuck handgemacht • Kleines Kino • Handball

Mehr Infos zu den Kursen und zur Anmeldung finden Sie auf unserer Webseite!

Lesen Teil 3

Du liest eine E-Mail.

Wähle für die Aufgaben 11 bis 15 die richtige Lösung a *,* b *oder* c *.*

Liebe Lorena!

Wie geht es dir? Ich kann's kaum erwarten, dich nächste Woche am Freitag um 16 Uhr vom Bahnhof abzuholen.

Du fragst dich bestimmt, warum ich dir eine E-Mail schreibe, wenn wir uns sowieso sehr bald sehen. Nun, ich habe gedacht, wir planen schon mal ein bisschen, was wir alles an unserem gemeinsamen Wochenende machen können. Wir wollen ja bestimmt nicht den ganzen Tag zu Hause bleiben!

Am Freitagabend könnten wir in mein Lieblingslokal gehen. Da gibt es italienisches Essen, was dir und auch mir so gut schmeckt. Das Restaurant ist bei mir um die Ecke, also können wir bequem zu Fuß hingehen. Am Samstagmorgen wollen wir wie immer lange schlafen und dann könnten wir uns in der Stadt mit meinen Freundinnen treffen. Die kennst du ja. Sie wollen dich alle sehen. Und natürlich möchte ich dir Markus vorstellen, meine neue große Liebe. Markus und seine Band geben am Samstagabend ein Konzert. Da wollte ich mit dir hingehen, wenn du Lust hast. Er hat ganz nette Freunde ;)

Am Sonntag wollen uns meine Eltern ein schönes Frühstück machen. Die freuen sich auch, dich nach so langer Zeit wiederzusehen. Und vielleicht könnten wir es uns dann zu Hause gemütlich machen und ein bisschen Kleidung und Schmuck tauschen. Das machen wir ja immer so gern! Bring also alles mit, was du nicht mehr magst oder brauchst!

Wie findest du meine Ideen?

Ich freue mich sooo auf dich!

Natalie

Lesen Teil 3

11 Warum freut sich Natalie?

    a Ihre Freundin besucht sie am Wochenende.
    b Sie fährt mit dem Zug zu ihrer Freundin.
    c Sie trifft sich am Freitagnachmittag mit ihren Freundinnen am Bahnhof.

12 Warum schickt Natalie diese E-Mail?

    a Sie möchte Lorena von ihrem neuen Freund erzählen.
    b Sie möchte Pläne für das Wochenende machen.
    c Sie möchte wissen, bis wann Lorena bei ihr bleibt.

13 Was möchte Natalie mit Lorena am ersten Abend machen?

    a Einfach zu Hause bleiben.
    b In ein Restaurant gehen.
    c Italienisch kochen.

14 Wen kennt Lorena noch nicht?

    a Natalies Eltern.
    b Natalies Freundinnen.
    c Natalies neuen Freund.

15 Was machen Natalie und Lorena immer gern, wenn sie sich treffen?

    a Sie gehen gern in Konzerte.
    b Sie kaufen gern ein.
    c Sie tauschen gern Kleidung.

4 Lesen

Teil 4

Lesen Teil 4

Sechs Jugendliche suchen in einem Jugendmagazin nach Tipps für das Wochenende.

Lies die Aufgaben 16 bis 20 und die Anzeigen a bis f.
Welche Anzeige passt zu welcher Person?
Für eine Aufgabe gibt es keine Lösung. Markiere so: X.

Die Anzeige aus dem Beispiel kannst du nicht mehr wählen.

Beispiel

0   Marla liest gern. | e |

16 Matteo geht mit seinen Freunden gern essen.

17 Aurelia geht gern ins Theater.

18 Jason möchte mit seinen Freunden in einem Film mitspielen.

19 Lian spielt Gitarre und möchte mit seinen Freunden mal wieder Musik machen.

20 Luise liebt Bilder berühmter Maler.

Jugendmagazin „Endlich FREI" Seite 7

Die 6 besten Tipps für dieses Wochenende!

[a] **BurgerMANIA**

Die besten Hamburger der Stadt! Egal ob mit Fleisch oder mit Gemüse, alle Burger schmecken hier einfach lecker! Probieren sollte man auf jeden Fall den Fisch-Burger, die frischen Pommes und die hausgemachte Limonade! Schöner Laden, gute Preise!

[b] **Jazz für alle**

Im Café Kult findet diesen Samstag ein kleines Jazz-Fest statt. Der besondere Musikabend beginnt um 18 Uhr mit der Band „Jung Jazz". Das Café Kult ist bekannt für seinen guten Musik-Geschmack und wir erwarten, dass auch dieser Abend ein Hit wird. Eintritt 12 €.

[c] **Zwei Tickets zum Preis von einem**

Diesen Samstag kauft ihr im Staatstheater für die Nachmittagsvorstellung ein Ticket und bekommt dafür zwei! Ein tolles Angebot, eine tolle Vorstellung! Wenn ihr noch keine Theater-Fans seid, nutzt dieses Angebot, um das Theater kennenzulernen. Ihr werdet es lieben!

[d] **Workshop der besonderen Art**

Mal was anderes mit Freunden machen und nicht immer ins Kino, ins Theater, ins Restaurant, in die Disko? Im Ludwigplatz-Theater findet ein besonderer Workshop statt! Werde mit deinen Freunden Schauspieler und dreht euren eigenen Film! Dein Samstagabend wird sicher ein Erfolg, lustig wie noch nie!

[⊠] **Buchpräsentation**

Ein ganz besonderes Buch, das alle Jugendlichen lesen sollten, wird am Samstagabend im Haus des Romans vorgestellt! Der junge Schriftsteller Gustav Haase spricht über sein Buch „Freie Sprache" und die Geschichte hinter dem Buch. Danach folgt ein Gespräch mit dem Autor bei einem Erfrischungsgetränk.

[f] **Museum der Kunst**

Dieses Wochenende ist im Museum der Kunst „Lange Nacht". Ihr könnt das Museum bis 23 Uhr besichtigen und an zwei besonderen Abenden die fantastischen Kunstwerke „anders" sehen. Mit einer besonderen Beleuchtung und klassischer Musik im Hintergrund werdet ihr diese Erfahrung nie vergessen.

4 Hören

Teil 1

🔊 Hören Teil 1

Du hörst fünf kurze Texte. Du hörst jeden Text zweimal.
Wähle für die Aufgaben 1 bis 5 die richtige Lösung a, b oder c.

1 Was hören die Prüfungsteilnehmer in der Ansage?

  a Dass ihre Eltern draußen warten können.
  b Dass sie nur ihren Personalausweis dabei haben müssen.
  c Dass Wörterbücher erlaubt sind.

2 Was weiß Nikolas nicht?

  a Wann er wieder zur Schule geht.
  b Was für Hausaufgaben er hat.
  c Wie er die Lösung einer Aufgabe finden soll.

3 Für wen ist diese Nachricht?

  a Für Leute, die eine eigene Webseite haben möchten.
  b Für Leute, die Pflanzen kaufen möchten.
  c Für Leute, die Tipps für ihr Wohnzimmer brauchen.

4 Was müssen die Fahrgäste heute beachten?

  a Alle Busse und Bahnen fahren erst ab 15 Uhr.
  b Ein Teil der U-Bahn-Linie 5 bleibt für einige Stunden geschlossen.
  c Die Buslinie 168 fährt auch nicht.

5 Was sagt der Junge zum Thema „Wohnen"?

  a Er hat kein Problem damit, als Jugendlicher bei seinen Eltern zu leben.
  b Er möchte, wenn er 18 ist, unbedingt allein wohnen.
  c Seine Eltern sind so cool, dass er für immer bei ihnen wohnen könnte.

Hören Teil 2

Du hörst ein Gespräch. Du hörst den Text einmal.
Was wünschen sich Nicks und Emilios Freunde zu Weihnachten?

Wähle für die Aufgaben 6 bis 10 ein passendes Bild aus a bis i.
Wähle jeden Buchstaben nur einmal. Sieh dir jetzt die Bilder an.

Person	0 Emilio	6 Ole	7 Tamara	8 Pia	9 Selina	10 Benedikt
Lösung	f					

a _____

b _____

c _____

d _____

e _____

☒ _____

g _____

h _____

i _____

4 Hören

Teil 3

🔊 Hören Teil 3

Du hörst fünf kurze Gespräche. Du hörst jeden Text einmal.
Wähle für die Aufgaben 11 bis 15 die richtige Lösung a, b oder c.

11 Was kocht der Vater zu dem Fleisch?

a   b   c

12 Welche Sportart wählt Kira?

a   b   c

13 Wie informiert sich die Frau am liebsten über die Nachrichten?

a   b   c

14 Wohin geht die Familie mit ihren Gästen am Samstag?

a   b   c

15 Was bekommt die Mutter zum Geburtstag?

  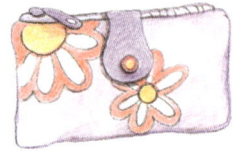

a   b   c

Hören Teil 4

Du hörst ein Interview. Du hörst den Text zweimal.
Wähle für die Aufgaben 16 bis 20 Ja oder Nein.
Lies jetzt die Aufgaben.

Beispiel

0 Tamina geht in die 10. Klasse.   ~~Ja~~ Nein

16 Tamina lernt auf einer italienischen Webseite Italienisch.   Ja Nein

17 In der Online-Sprachschule kann man nur Italienisch und Deutsch lernen.   Ja Nein

18 Bei Fragen benutzt man die Chat-Möglichkeit oder ruft direkt an.   Ja Nein

19 Für den Online-Unterricht braucht man unbedingt einen Drucker.   Ja Nein

20 Tamina arbeitet auch gern mit dem Buch in Papierform.   Ja Nein

4 Schreiben

Teil 1

Schreiben Teil 1

In zwei Wochen ist Muttertag und du möchtest mit deiner Freundin Christina etwas für deine Mutter kaufen. Schreib Christina eine SMS.

- Schreib, welches Geschenk deiner Meinung nach gut wäre.
- Sag, wie viel Geld du ausgeben kannst.
- Nenne einen Treffpunkt (Zeit und Ort).

Schreib 20–30 Wörter.
Schreib zu allen drei Punkten.

Schreiben Teil 2

Deine Klassenlehrerin, Frau Böhmer, möchte, dass deine Klasse einen Flohmarkt in der Schule organisiert und mit dem Geld armen Familien hilft. Du schreibst an Frau Böhmer eine E-Mail:

- Schlag vor, wann der Flohmarkt stattfinden kann.
- Schreib, was ihr auf dem Flohmarkt anbieten könnt.
- Sag, was es zu essen und zu trinken geben sollte.

Schreib 30–40 Wörter.
Schreib zu allen drei Punkten.

4 Sprechen

Teil 1

Sprechen Teil 1

Du bekommst vier Karten und stellst mit diesen Karten vier Fragen.
Dein Partner / Deine Partnerin antwortet. Dann stellt dein Partner / deine Partnerin vier Fragen und du antwortest.

Kandidat/in 1:

Fragen zur Person	*Fragen zur Person*
Fahrrad?	**Sommerferien?**

Fragen zur Person	*Fragen zur Person*
Ausland?	**Obst?**

Kandidat/in 2:

Fragen zur Person	*Fragen zur Person*
Flugzeug?	**Weihnachten?**

Fragen zur Person	*Fragen zur Person*
Abends?	**Filme?**

Sprechen Teil 2

Du bekommst eine Karte und erzählst etwas über dein Leben.

Kandidat/in 1:

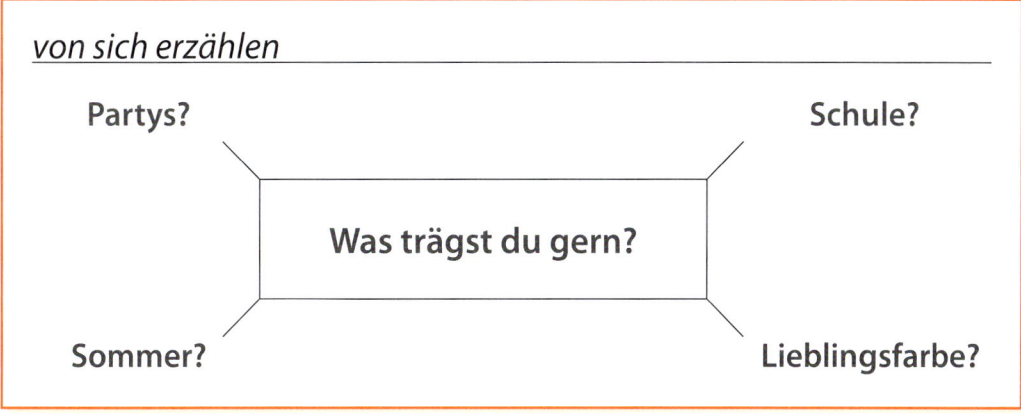

von sich erzählen

- Partys?
- Schule?
- Was trägst du gern?
- Sommer?
- Lieblingsfarbe?

Kandidat/in 2:

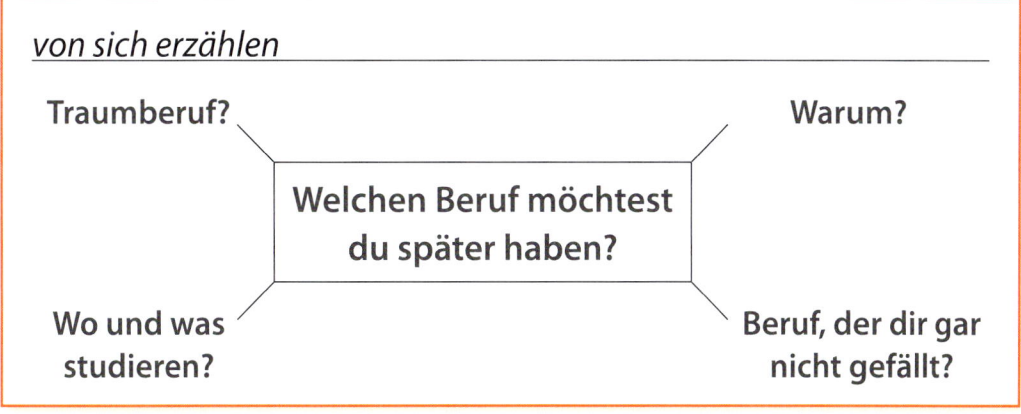

von sich erzählen

- Traumberuf?
- Warum?
- Welchen Beruf möchtest du später haben?
- Wo und was studieren?
- Beruf, der dir gar nicht gefällt?

4 Sprechen
Teil 3

Sprechen Teil 3

Ihr habt Osterferien und wollt euch am Dienstag auf dem Sportplatz treffen. Findet einen Termin.

Prüfungsteilnehmer/in A:

Dienstag 06.04.
08.00
09.00
10.00
11.00
12.00 — mit Papa einen neuen Fernseher kaufen
13.00 — Mittagessen
14.00
15.00 — im Supermarkt einkaufen
16.00
17.00
18.00 — auf die kleine Schwester aufpassen
19.00
20.00 — im Kino
21.00

Sprechen Teil 3

Sprechen Teil 3

Ihr habt Osterferien und wollt euch am Dienstag auf dem Sportplatz treffen. Findet einen Termin.

Prüfungsteilnehmer/in B:

Dienstag 06.04.
08.00
09.00
10.00 länger schlafen
11.00 Fahrrad reparieren
12.00
13.00
14.00 mit Sven am Computer spielen
15.00
16.00
17.00 Nachhilfe-Unterricht in Englisch
18.00
19.00
20.00 mit Marie essen gehen
21.00

5 Lesen

Teil 1

Lesen Teil 1

Du liest in einer Zeitschrift diesen Text.

Wähle für die Aufgaben 1 bis 5 die richtige Lösung a, b oder c.

Feriencamp „Sonnenkinder"

Ein Sommercamp für Kinder und Jugendliche zwischen 8 und 15. Verbringe deine Sommerferien mit Freunden!

Viele Aktivitäten: Unser Camp ist in der Natur, auf einem schönen Bauernhof mit Pferden. Reiten, wandern im Wald, klettern, kochen, malen und basteln wirst du bei uns jeden Tag. Zweimal pro Woche packen wir unsere Badesachen und verbringen den ganzen Tag am nahen Attersee. Dort erwarten uns Badespaß und ein großes Angebot an Wassersport.

Gut zu wissen: Übernachtung in 3- oder 4-Bett-Zimmern mit Kindern im gleichen Alter. Außerdem organisieren wir alle zehn Tage Übernachtungen im Freien mit Zelten und vielen Abendgeschichten unter den Sternen! Vergiss nicht, bequeme Kleidung und feste Schuhe für unsere Aktivitäten, deine Badesachen und einen Rucksack mitzunehmen! Bettwäsche und Handtücher bekommst du von uns. Die Ankunft und Abfahrt organisieren deine Eltern. Falls du mit dem Zug anreist, wartet unser Minibus am Bahnhof auf dich.

Dabei sein, ohne zu bezahlen? Schick uns bis zum 10. Februar eine Sommergeschichte (nicht mehr als 500 Wörter) und gewinne eine Woche kostenlos bei uns! Vielleicht liest du uns diesen Sommer deine Geschichte unter den Sternen vor!

Lesen Teil 1

Beispiel

0 Das Feriencamp …

    ☐ a findet im Frühling statt.
    ☐ b ist in einer Großstadt.
    ☒ c ist für Kinder ab 8.

1 Im Feriencamp machen die Teilnehmerinnen und Teilnehmer jeden Tag …

    ☐ a einen Ausflug.
    ☐ b Wassersport.
    ☐ c verschiedene Sachen.

2 Sie übernachten …

    ☐ a jede Nacht in Zelten.
    ☐ b manchmal im Freien.
    ☐ c in Doppelzimmern.

3 Die Teilnehmerinnen und Teilnehmer sollen …

    ☐ a ein Zelt mitbringen.
    ☐ b ihren Rucksack nicht vergessen.
    ☐ c eigene Handtücher mitbringen.

4 Zum Feriencamp kommt man …

    ☐ a mit dem Zug und dem Feriencamp-Bus.
    ☐ b mit dem Bus, der jeden von zu Hause abholt.
    ☐ c mit dem Auto.

5 Kinder und Jugendliche …

    ☐ a können eine Woche ohne Bezahlung im Feriencamp gewinnen.
    ☐ b müssen für den Wettbewerb eine Geschichte mit mindestens 500 Wörtern schreiben.
    ☐ c müssen sich bis zum 10. Februar im Feriencamp anmelden.

Lesen Teil 2

Du möchtest das Kunstinstitut besuchen und liest das Programm.

Lies die Aufgaben 6 bis 10 und den Text.
Welcher Ort passt?

Wähle die richtige Lösung a, b oder c.

Beispiel

0   Du magst Partys.

   ☒   Januar
   b   Mai
   c   anderer Monat

6   Du bastelst gern.

   a   Februar
   b   April
   c   anderer Monat

7   Du hast eine große Fotosammlung von deinen Reisen.

   a   Februar
   b   April
   c   anderer Monat

8   Du hättest gern eine besondere Lampe für dein Zimmer.

   a   Januar
   b   März
   c   anderer Monat

9   Du möchtest mit deiner Mutter ins Theater gehen.

   a   Februar
   b   März
   c   anderer Monat

10   Du interessierst dich für Kunst aus anderen Ländern.

   a   April
   b   Mai
   c   anderer Monat

Lesen Teil 2

INSTITUT FÜR KUNST
Programm Januar bis Mai

Januar
- „Die Geschichte des Kunstinstituts" erzählt von Mitarbeiterinnen und Mitarbeitern des Instituts
- „Bilder in schwarz-weiß": Ein Workshop zum Zeichnen mit Bleistift
- „Kunst-Party" am Neujahrstag
- Institut-Shop: Handgemachte Lampen

Februar
- Workshop „Recycel-Kunst": Wir basteln mit Sachen, die im Müll landen
- „Wie bearbeite ich Videos?": Ideen und Tipps vom Videokünstler Mattis Petersen
- Baby-Theater „Gute Nacht": Ein Theaterspiel für die ganz Kleinen (1–3 Jahre) und ihre Eltern
- Kunsttreffen in der Cafeteria: Tee, Kuchen und Gespräche über Aktuelles in der Kunst

März
- Klassische Musik aus Deutschland und Österreich: Klassiker für alle vom Orchester des Instituts
- Theaterstück „Der kleine Prinz"
- Die Kunst der Comics
- Institut-Shop: Osterschmuck für die Wohnung

April
- „Erzählungen für jedes Alter": Der Autor Enno Martin stellt uns sein neues Buch vor
- „Volkstänze aus aller Welt": Eine Aufführung der Tanzgruppe des Instituts
- Ausstellung „Kunst in Südafrika": Drei Malerinnen und Maler aus Südafrika stellen sich vor und sprechen mit uns über ihre Bilder
- Institut-Shop: Handgemachte Kleidung

Mai
- „Die berühmtesten deutschen Malerinnen und Maler": Präsentation und anschließende Diskussion
- „Deutsches Museum": eine Führung durch die interessantesten Räume
- „Der Frühling bringt Blumen und Blumen bringen Farbe": Wir malen Blumen in verschiedenen Farben
- „Weltreise": Bringt uns Fotos von euren Reisen und macht bei der größten Foto-Schau des Jahres mit!

Lesen Teil 3

Du liest eine E-Mail.

Wähle für die Aufgaben 11 bis 15 die richtige Lösung a, b oder c.

Hallo, Leo!

Wie geht´s? Wart ihr bei deiner Tante in Österreich? Wir sind wieder zu Hause. Vorgestern sind wir zurückgeflogen. Es war meine erste Reise mit dem Flugzeug. Sehr aufregend! Es hat mehr Spaß gemacht zu fliegen als mit dem Auto oder Zug zu reisen! Ich möchte so eine Reise bald wieder machen.

Ostern in Griechenland war sehr schön. An einem Tag hat es geregnet, aber wir haben uns nicht beschwert, denn wir wollten uns alle ein bisschen ausruhen. In der letzten Woche waren wir auf einer Insel und da sind wir jeden Tag schwimmen gegangen! Das Wasser war noch kalt, das war mir aber egal, denn das Meer war so schön! Das Einzige, was mich genervt hat, war, dass meine Eltern immer schon um 9.30 Uhr losfahren wollten und ich nie so lange schlafen konnte, wie ich wollte.

Was ich dir noch nicht erzählt habe: Wir sind nicht zu dritt, sondern zu viert zurückgekommen! Eines Tages haben wir nämlich an einem Strand einen kleinen Hund weinen hören. Ich habe eine halbe Stunde lang nach dem Hund gesucht und ihn schließlich unter einem Auto gefunden. Er war sehr süß und auch sehr schmutzig, hatte Angst und Hunger. Wir haben uns um den kleinen Straßenhund gekümmert, haben ihm zu essen gegeben und ihn gewaschen. Beim Tierarzt waren wir auch und alles war in Ordnung. Meine Eltern sind dann auf die Idee gekommen ihn mitzunehmen! Zum Glück hat alles geklappt und der kleine Greko hat jetzt eine Familie!

Freu mich auf deine Antwort!

Ganz liebe Grüße,
Philipp

Lesen Teil 3

11 Wo war Philipp zu Ostern?

    [a] Er war bei seiner Tante.
    [b] Er ist in Österreich geblieben.
    [c] Er war mit seinen Eltern im Ausland.

12 Was sagt Philipp über den Flug?

    [a] Der Flug war so stressig, dass er nächstes Mal lieber mit dem Zug fährt.
    [b] Der Flug war aufregend, weil er ohne seine Eltern geflogen ist.
    [c] Es war etwas Besonderes, weil er zum ersten Mal geflogen ist.

13 Was hat Philipp geärgert?

    [a] Das Wasser im Meer war viel zu kalt.
    [b] Er musste früh aufstehen.
    [c] Es hat oft geregnet.

14 Was schreibt Philipp über den Hund?

    [a] Ein Auto hatte den Hund verletzt.
    [b] Er hatte so viel Angst, dass er nicht essen wollte.
    [c] Er war allein und hat geweint.

15 Wo ist der Hund jetzt?

    [a] Bei Freunden in Griechenland.
    [b] Bei Philipp zu Hause.
    [c] Beim Tierarzt.

Lesen Teil 4

Sechs Jugendliche wollen Sachen kaufen oder verkaufen. Sie suchen in den Kleinanzeigen.

Lies die Aufgaben 16 bis 20 und die Anzeigen a bis f.
Welche Anzeige passt zu welcher Person?
Für eine Aufgabe gibt es keine Lösung. Markiere so: X.

Die Anzeige aus dem Beispiel kannst du nicht mehr wählen.

Beispiel

0 Anastasia hätte gern ein Klavier. *a*

16 Benjamin möchte seiner kleinen Schwester zum 6. Geburtstag ein Fahrrad schenken.

17 Konstantin verkauft Gitarrensachen, die er als Kind hatte.

18 Karoline sucht ein schwarzes Fahrrad bis 90 Euro.

19 Amelia möchte ihren alten Laptop verkaufen.

20 Bastian ist umgezogen und braucht einige Möbel.

Lesen Teil 4

www.ichkaufe-ichverkaufe.example.com

Kleinanzeigen Online

☒ **GEBRAUCHTE MUSIKINSTRUMENTE**
Möchtest du ein Musikinstrument lernen, hast aber nicht genug Geld, um eins zu kaufen? Bei uns findest du gebrauchte Instrumente, die wie neu und sehr preisgünstig sind! Ideal für Kinder, die mit dem Erlernen eines Musikinstruments anfangen möchten. 0162-208 14 30.

b **MODERNE MÖBEL**
Wir ziehen ins Ausland und verkaufen alle unsere Möbel! Wenn du Möbel fürs Wohnzimmer, Schlafzimmer oder Kinderzimmer suchst, findest du in den Fotos vielleicht etwas für dich! Alle Möbel haben wir erst vor fünf Jahren gekauft und sie sind in sehr gutem Zustand. Wir verkaufen sie zum halben Preis! 0162-208 21 48.

c **KINDERGITARRE**
Suche für meinen siebenjährigen Sohn, der gerade angefangen hat Gitarre zu lernen, eine Kindergitarre. Am besten bitte Angebote mit allen Extras, die ein Anfänger neben dem Instrument noch braucht (z. B. Gitarrentasche, Kinder-Notenbuch) und nur bis 50 Euro. 0162-208 26 12.

d **DAMENFAHRRAD**
Es steht zum Verkauf: ein lila Fahrrad mit Korb, ideal für die Stadt, mit 6 Gängen. Lässt sich super leicht fahren. Neupreis 579 Euro, jetzt nur 250 Euro. Lieferung innerhalb der Stadt möglich. Bei Interesse bitte E-Mail schicken an: julia.neuhauser@example.com.

e **LAPTOP**
Suche einen günstigen Laptop in gutem Zustand (nicht älter als drei Jahre) für mein Studium. Es muss kein „Top-Gerät" und auch keine bestimmte Marke sein. Wichtig ist, dass alles gut funktioniert. Freue mich über Angebote bis 150 Euro. Bitte schickt mir eure Angebote mit den wichtigsten Informationen zu dem Produkt an lino.gerlach@beispiel.de.

f **KINDERFAHRRAD**
Ich verkaufe das alte Fahrrad meiner Tochter. Es ist hellgrün und geeignet für Kinder zwischen fünf und acht. Es ist 10 Jahre alt und leicht gebraucht. Nur 80 Euro! Fahrradhelm gratis dazu. Nur selbst abholen möglich, bitte melden unter 0162-208 36 40.

5 Hören

Teil 1

🔊 Hören Teil 1

Du hörst fünf kurze Texte. Du hörst jeden Text zweimal.
Wähle für die Aufgaben 1 bis 5 die richtige Lösung a, b oder c.

1 Wann ist der Weihnachtsmarkt geöffnet?

    a Jeden Tag von 9 bis 20 Uhr.
    b Vom 21. November bis zum 30. Dezember.
    c Nur vom 24. bis zum 26. Dezember.

2 Was ist im Restaurant neu?

    a Dass man auch online bestellen kann.
    b Dass man dort auch frühstücken kann.
    c Dass man nach dem Mittag- und Abendessen Kuchen essen kann.

3 Wie oft haben die Grundschulkinder dieses Jahr Sport?

    a Dreimal in der Woche.
    b Viermal in der Woche.
    c Jeden Tag.

4 Was möchte der Junge wissen?

    a Ob sein Nachbar, Vincent, zu Hause ist.
    b Wann seine Mutter nach Hause kommt.
    c Wo seine Schlüssel sind.

5 Was macht Alexa am Wochenende?

    a Sie macht Musik.
    b Sie geht schwimmen.
    c Sie telefoniert mit ihren Freundinnen.

Hören Teil 2

Du hörst ein Gespräch. Du hörst den Text einmal.
Warum können Marcels und Konstantins Freunde heute Nachmittag nicht in den Park gehen?

Wähle für die Aufgaben 6 bis 10 ein passendes Bild aus a bis i.
Wähle jeden Buchstaben nur einmal. Sieh dir jetzt die Bilder an.

Person	0 Konstantin	6 Nora	7 Milana	8 Florian	9 Turgut	10 Lenja
Lösung	e					

a _____

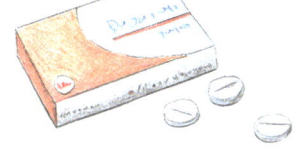
b _____

c _____

d _____

☒ _____

f _____

g _____

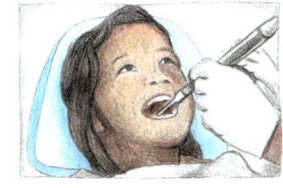
h _____

i _____

5 Hören

Teil 3

🔊 Hören Teil 3

Du hörst fünf kurze Gespräche. Du hörst jeden Text einmal.
Wähle für die Aufgaben 11 bis 15 die richtige Lösung a, b oder c.

11 Wo treffen sich die Mädchen?

a b c

12 Was nimmt der Junge nicht mit ins Hotel?

  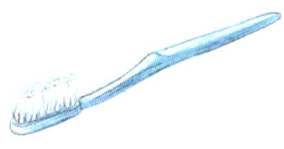

a b c

13 Wohin stellen sie die neue Pflanze?

a b c

14 Was bestellt die Frau zum Trinken?

a b c

15 Was passt besser zu der Bluse?

a b c

Hören Teil 4

Du hörst ein Interview. Du hörst den Text zweimal.
Wähle für die Aufgaben 16 bis 20 Ja oder Nein.
Lies jetzt die Aufgaben.

Beispiel

0   Joshua steht auch am Wochenende um kurz nach sieben auf.   Ja   ~~Nein~~

16   Joshua ist nicht immer pünktlich in der Schule.   Ja   Nein

17   Joshua fährt lieber mit dem Auto von seinen Eltern zur Schule.   Ja   Nein

18   Er darf sich vor den Hausaufgaben eine Stunde ausruhen.   Ja   Nein

19   Joshua macht die Hausaufgaben nachmittags zusammen mit seinem besten Freund.   Ja   Nein

20   Wenn er am nächsten Tag Schule hat, darf er bis 22.30 Uhr wach bleiben.   Ja   Nein

5 Schreiben

Teil 1

Schreiben Teil 1

Du willst ein Haustier kaufen und schreibst deiner Freundin Yvonne, die schon ein Haustier hat, eine SMS.

- Sag, warum du ihr schreibst.
- Sag, wie viel Platz du in deinem Haus hast.
- Frag, welches Haustier du kaufen sollst.

Schreib 20–30 Wörter.
Schreib zu allen drei Punkten.

Schreiben Teil 2

Du hast am Donnerstag Klavierunterricht, aber du kannst leider nicht hingehen. Schreib Herrn Klein, deinem Klavierlehrer, eine E-Mail:

- Entschuldige dich.
- Schreib, warum du nicht hingehen kannst.
- Bitte um einen anderen Termin (Tag und Uhrzeit).

Schreib 30–40 Wörter.
Schreib zu allen drei Punkten.

5 Sprechen
Teil 1

Sprechen Teil 1

Du bekommst vier Karten und stellst mit diesen Karten vier Fragen.
Dein Partner / Deine Partnerin antwortet. Dann stellt dein Partner / deine Partnerin vier Fragen und du antwortest.

Kandidat/in 1:

Fragen zur Person	Fragen zur Person
Schwimmbad?	**Basteln?**

Fragen zur Person	Fragen zur Person
Taschengeld?	**Tablet?**

Kandidat/in 2:

Fragen zur Person	Fragen zur Person
Joggen?	**Weihnachtsferien?**

Fragen zur Person	Fragen zur Person
Einkaufen gehen?	**Lesen?**

Sprechen Teil 2

Du bekommst eine Karte und erzählst etwas über dein Leben.

Kandidat/in 1:

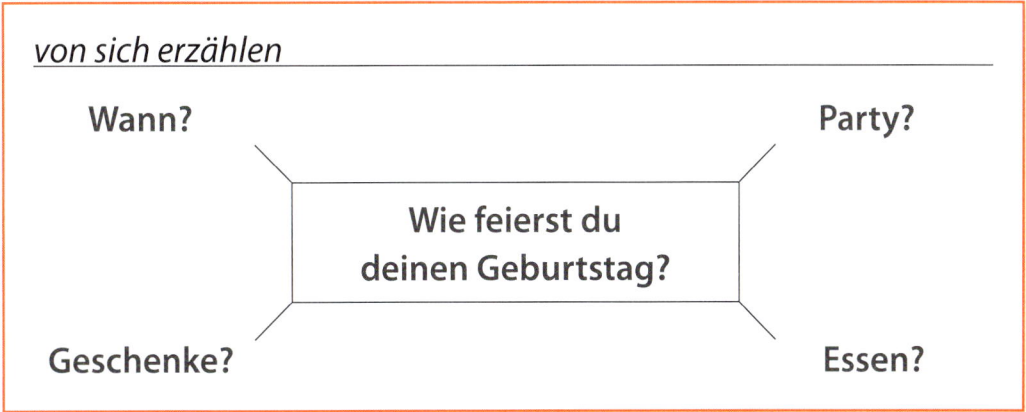

Kandidat/in 2:

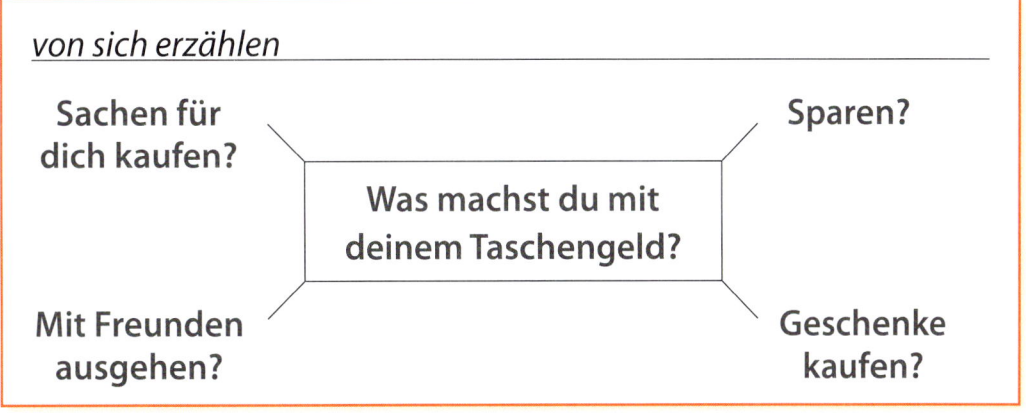

Sprechen Teil 3

Eure Freundin Amelie gibt am Sonntag eine Party. Ihr seid eingeladen und wollt am Samstag ein kleines Geschenk für Amelie kaufen. Findet einen Termin.

Prüfungsteilnehmer/in A:

SAMSTAG 25.01.	
08.00	
09.00	langes Frühstück bei Lisa
10.00	
11.00	
12.00	mit dem Hund spazieren gehen
13.00	
14.00	
15.00	Schwimmbad
16.00	
17.00	
18.00	
19.00	Abendessen bei den Großeltern
20.00	
21.00	Fußballspiel ansehen

Sprechen Teil 3

Eure Freundin Amelie gibt am Sonntag eine Party. Ihr seid eingeladen und wollt am Samstag ein kleines Geschenk für Amelie kaufen. Findet einen Termin.

Prüfungsteilnehmer/in B:

SAMSTAG 25.01.	
08.00	
09.00	
10.00	
11.00	Hausaufgaben machen
12.00	Fahrrad reparieren
13.00	
14.00	
15.00	
16.00	Fußballtraining
17.00	
18.00	
19.00	mit Uli ins Kino
20.00	mit Uli Pizza essen gehen
21.00	

6 Lesen

Teil 1

Lesen Teil 1

Du liest in einer Zeitschrift diesen Text.

Wähle für die Aufgaben 1 bis 5 die richtige Lösung a, b oder c.

Mach dich fit!

Hast du Schlafprobleme? Bist du nicht fit genug? Findest du dich zu dünn? Im 20-Tage-Workshop für Jugendliche und junge Leute ab 15 lernst du, was du Gutes für dich und deinen Körper tun kannst.

Essen und Trinken - Das A und O: Wie und was du essen und trinken solltest, ist ein wichtiger Teil des Workshops. Es ist bekannt, dass gesundes Essen den Körper innen und außen stark macht. Wir erstellen zusammen – schon am zweiten Tag – eine Liste mit allem, was du oft, wenig oder selten essen und trinken solltest.

Sport und Aktivitäten: Unser Körper will und muss aktiv sein. In unserem Workshop lernst du verschiedene Sportarten und Freizeitaktivitäten kennen. Zum Schluss bekommst von uns einen persönlichen Trainingsplan mit den Aktivitäten, die dir am meisten Spaß gemacht haben! Denn was einem Spaß macht, macht man auch richtig und mit Erfolg!

Schlafen nicht vergessen! Für Menschen mit viel Stress und Jugendliche, die spät schlafen gehen, ist es schwer, „richtig" zu schlafen. Im Workshop sprechen wir darüber: Warum ist es so wichtig, nicht weniger als 7,5 Stunden am Tag zu schlafen? Wie kannst du das schaffen? Was ist gut und was sollte man vor dem Schlafengehen lieber nicht machen? Mit unseren Tipps ist guter Schlaf garantiert!

Lesen Teil 1

Beispiel

0 Der Artikel ist interessant für junge Leute, …

- ☒ a die Fitness-Tipps brauchen.
- ☐ b die früher nicht gut schlafen konnten.
- ☐ c die zu dick sind.

1 Der Workshop …

- ☐ a dauert genau 20 Tage.
- ☐ b hat höchstens 18 Teilnehmer.
- ☐ c ist nur für junge Leute bis 15.

2 Am Anfang …

- ☐ a bekommt man Tipps, wie man gesünder isst.
- ☐ b darf man nur bestimmte Sachen essen.
- ☐ c muss man sehr wenig essen.

3 Man sollte …

- ☐ a eine Sportart finden, die einem gefällt.
- ☐ b nicht zu viele verschiedene Sportarten ausprobieren.
- ☐ c viel Sport treiben, egal, ob es einem Spaß macht.

4 Schlafprobleme …

- ☐ a haben alle.
- ☐ b haben nur mit dem Alter zu tun.
- ☐ c haben oft mit Stress zu tun.

5 Man sollte …

- ☐ a lang genug schlafen.
- ☐ b nie spät ins Bett gehen.
- ☐ c nicht über 7,5 Stunden schlafen.

6 Lesen
Teil 2

Lesen Teil 2

Du bist auf einer Veranstaltung und liest das Programm.

Lies die Aufgaben 6 bis 10 und den Text.
Welcher Ort passt?

Wähle die richtige Lösung a, b oder c.

Beispiel

0   Du malst gern.

   ☒ Bibliothek
   b   Aula
   c   anderer Ort

6   Du möchtest mehr für die Umwelt tun und suchst nach Ideen.

   a   Schulhof
   b   Turnhalle
   c   anderer Ort

7   Du möchtest deiner Oma ein Buch schenken.

   a   Bibliothek
   b   Hauptgebäude
   c   anderer Ort

8   Du liebst internationale Musik.

   a   Aula
   b   Schulhof
   c   anderer Ort

9   Du brauchst ein Geschenk für deine Freundin. Sie mag Ringe.

   a   Hauptgebäude
   b   Turnhalle
   c   anderer Ort

10   Du möchtest etwas trinken.

   a   Hauptgebäude
   b   Schulhof
   c   anderer Ort

Lesen Teil 2

Basar für die Umwelt

Sonntag, 4. Juni   **9.00–16.00 Uhr**

Schulhof

	Wurst-Ecke
	Vegetarische Ecke: Leckere Gerichte ohne Fleisch
	Getränkestand
14.30–16.00	Die Schülerband spielt deutsche Klassiker

Bibliothek

	Gebrauchte Kinderbücher
11.00–12.00	Bastelecke: Verschiedenes aus Papier
13.00–14.00	Märchengruppe
14.00–15.00	Male dein eigenes T-Shirt!

Aula

10.00–11.00	Wir schreiben und spielen zusammen Lieder für die Umwelt
11.00–12.00	Dokumentarfilm „Mensch und Natur"
13.00–14.00	Puppen-Theater „Kasperle räumt auf"
14.00–16.00	Musik aus aller Welt, auch zum Tanzen!

Hauptgebäude

- Kuchenstand: Leckere hausgemachte Kuchen und Kaffee
- Omas Marmelade: Hausgemachte Marmeladen
- Eisstand
- Infostand Umwelt: Werdet selbst für den Klima- und Umweltschutz aktiv!

Turnhalle

- Second-Hand-Kleidung: Damen und Herrenmode
- Neue Bücher für jede Altersgruppe zu verkaufen
- Umweltfreundliche Spiele zu verkaufen
- Natürlicher Schmuck aus Holz und Stein

Lesen Teil 3

Du liest eine E-Mail.

Wähle für die Aufgaben 11 bis 15 die richtige Lösung a, b oder c.

Liebe Mia!

Wie geht es dir? Endlich habe ich ein bisschen Zeit und kann dir schreiben! Stell dir vor, ich hatte nicht mal richtig Zeit für die neue Schule. Ein Umzug ist echt viel Arbeit! Ab heute aber schreibe ich dir wieder öfter – versprochen!

Der Umzug war also echt stressig, aber wir haben es schließlich geschafft. Wie Hamburg ist, weiß ich noch nicht wirklich, aber auf den ersten Blick sieht es hier schön aus. Ich bin froh, dass ich hier Elias, einen guten Bekannten, habe. Er kann mir die Stadt zeigen. Übermorgen wollen wir mit Elias eine Stadtrundfahrt machen, um mal das Wichtigste in der Stadt zu sehen. Ich freue mich schon darauf!

In der neuen Schule war ich erst einmal. Jetzt weiß ich zumindest, wo sie ist. Der Weg ist nicht weit, ich werde also zu Fuß hingehen. Die Schule ist schön und die Klassenzimmer sind groß und hell. Bin gespannt, wie meine neuen Mitschülerinnen und Mitschüler so sind. Meine Klassenlehrerin, Frau Seeler, habe ich schon kennengelernt. Voll nett und cool. Sie war auch sehr schick angezogen. Elias kennt sie auch und er meinte, dass sie schon cool, aber auch streng ist. Mal sehen, ob er recht hat.

Wann besuchst du mich? Komm doch nächstes Wochenende! Mit dem Zug sind es nur drei Stunden. Ich hole dich vom Bahnhof ab. Der ist gleich bei uns um die Ecke. Melde dich per E-Mail, dann können wir deinen Besuch organisieren!

Hoffentlich bis bald,

Emma

Lesen Teil 3

11 Warum hatte Emma keine Zeit?

  a Weil sie einen Nebenjob hat.
  b Weil sie viel für die Schule lernen musste.
  c Weil sie umgezogen ist.

12 Was sagt Emma über Hamburg?

  a Dass sie die Stadt noch nicht richtig kennt.
  b Dass sie in Hamburg einige Freunde hat.
  c Dass sie schon alle Sehenswürdigkeiten gesehen hat.

13 Was schreibt Emma über die Schule?

  a Dass die neue Schule nicht in der Nähe ist.
  b Dass die Klassenzimmer klein, aber hell sind.
  c Dass sie nur an einem Tag in der Schule war.

14 Wie findet Emma ihre neue Lehrerin?

  a Besonders groß und sehr hübsch.
  b Cool und gut angezogen.
  c Nett, aber streng.

15 Was soll Mia machen?

  a Emma anrufen.
  b Emma morgen in Hamburg besuchen.
  c Mit Emma planen, wann sie nach Hamburg kommt.

6 Lesen

Teil 4

Lesen Teil 4

Sechs Jugendliche suchen auf einer Webseite nach Lern- und Hausaufgabenhilfe.

Lies die Aufgaben 16 bis 20 und die Anzeigen a bis f.
Welche Anzeige passt zu welcher Person?
Für eine Aufgabe gibt es keine Lösung. Markiere so: X.

Die Anzeige aus dem Beispiel kannst du nicht mehr wählen.

Beispiel

0   Thomas hat in Biologie schlechte Noten. | e |

16   Samu ist schwach in Englisch. | ☐ |
17   Veronika braucht Hilfe in Sozialkunde. | ☐ |
18   Georg ist sehr schwach in Mathe. | ☐ |
19   Christina schafft es fast nie, alle Hausaufgaben zu machen. | ☐ |
20   Viktor versteht Chemie nicht. | ☐ |

Lesen Teil 4

www.das-Lernen-lernen.beispiel.de

Lern- und Hausaufgabenhilfe

a **Hausaufgabenhilfe**

Brauchst du immer lange, bis du mit den Hausaufgaben fertig bist? Schaffst du es manchmal gar nicht, alle Hausaufgaben zu machen? Lernen kann man lernen! Ich zeige dir, wie du am besten deine Zeit und deine Arbeit organisierst. Tristan Schulte 030 68 83 17 48.

b **Probleme beim Rechnen?**

Wenn du schon immer Schwierigkeiten beim Rechnen hattest und vielleicht im Unterricht nicht richtig mitmachen kannst, kann ich dir helfen. Zusammen üben wir alles von Anfang an, lösen erst leichte und dann schwierige Aufgaben und bald bist du ein Profi! Elina Hübner 0162-208 14 30.

c **Auf Reisen lernen**

Bist du schlecht in Fremdsprachen? Vielleicht solltest du es mal anders versuchen! Wir organisieren im Sommer und Winter Sprachreisen in verschiedene Länder, lernen das Land und seine Sprache kennen und haben dabei Spaß! Auch für Anfänger. Informationen unter: sprachreise-für-dich.example.com.

d **Hilfe in Geschichte**

Schlechte Noten in Geschichte? Findest du Geschichte langweilig oder schwierig? Auf unserer Webseite findest du viele Lernvideos und Übungen für alle Klassen. Probiere es einfach mal aus und sieh selbst, wie toll es ist! Für die erste Woche bezahlt man sogar nichts ☺: geschichte-mit-videos.beispiel.de.

☒ **Biologie gut erklärt**

Bin Biologie-Studentin und helfe dir gerne in Biologie, egal in welche Klasse du gehst. Mit Videos, Dokumentarfilmen, Artikeln und vielen kleinen Tests werden deine Noten bestimmt besser! Vielleicht wird Bio sogar dein Lieblingsfach! Tuana Engel 089 21 58 68 00.

f **Online-Hilfe**

Wenn du in Physik oder Chemie Probleme hast, aber nicht jede Woche Hilfe brauchst oder wenig Zeit hast, ist unsere Online-Hilfe das Richtige für dich! Setz dich gemütlich an deinen Computer und mach in einem unserer Online-Kurse mit! Infos: physik_chemie_online.example.com.

6 Hören

Teil 1

🔊 Hören Teil 1

Du hörst fünf kurze Texte. Du hörst jeden Text zweimal.
Wähle für die Aufgaben 1 bis 5 die richtige Lösung a, b oder c.

1 Was kann man gewinnen?
   - a Tickets für eine Europareise.
   - b Tickets für eine bis zu 200 Kilometer lange Reise.
   - c Tickets für eine Reise in eine deutsche Stadt.

2 Beim Konzert …
   - a kann man CDs und T-Shirts kaufen.
   - b darf man fotografieren.
   - c darf man nicht rauchen.

3 Der Junge …
   - a hatte früher ein Haustier und möchte nie wieder eins haben.
   - b liebt Haustiere, möchte aber jetzt kein Haustier haben.
   - c möchte ein Haustier, aber keine Katze und keinen Hund.

4 Was sagt Daria?
   - a Dass sich ihre Eltern immer wieder streiten.
   - b Dass sie ihre Schwester schon so oft angerufen hat.
   - c Dass sie Probleme mit ihren Eltern hat.

5 Auf dem Flohmarkt …
   - a kann man ab 8 Uhr einen Verkaufstisch aufstellen.
   - b kann man von 8 bis 15 Uhr einkaufen.
   - c müssen alle für ihren Verkaufstisch 5 Euro Miete zahlen.

Hören Teil 2

Du hörst ein Gespräch. Du hörst den Text einmal.
Was haben Lotte und Patrick zuletzt mit ihren Freunden gemacht?

Wähle für die Aufgaben 6 bis 10 ein passendes Bild aus a bis i.
Wähle jeden Buchstaben nur einmal. Sieh dir jetzt die Bilder an.

Person	0 Patrick	6 Olivia	7 Milan	8 Luna	9 Maria	10 Nils
Lösung	i					

a _____

b _____

c _____

d _____

e _____

f _____

g _____

h _____

☒ _____

6 Hören
Teil 3

🔊 Hören Teil 3

Du hörst fünf kurze Gespräche. Du hörst jeden Text einmal.
Wähle für die Aufgaben 11 bis 15 die richtige Lösung a, b oder c.

11 Wo hat sich Kilian heute wehgetan?

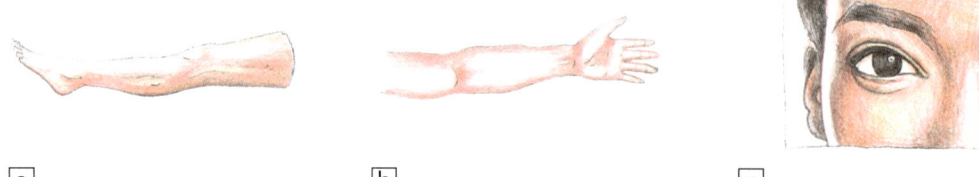

a   b   c

12 Wo ist Martins Handy?

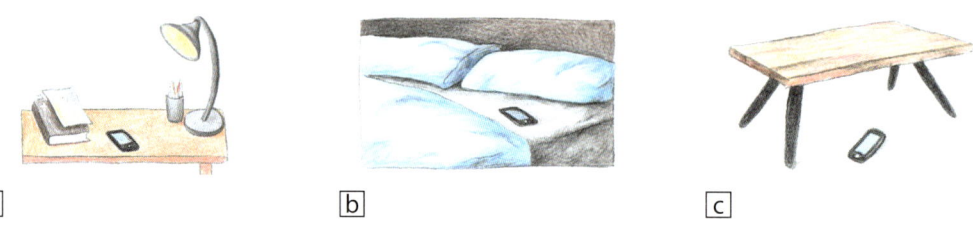

a   b   c

13 Wen besucht Finja morgen Nachmittag?

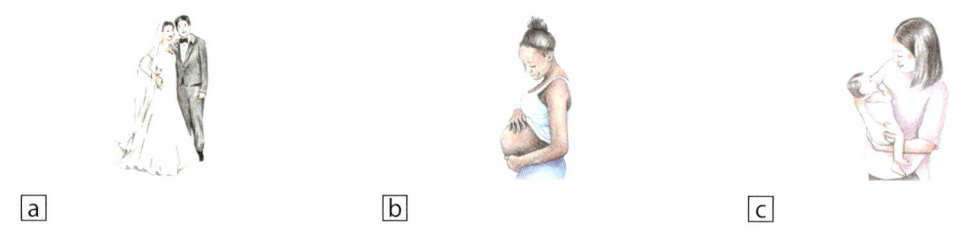

a   b   c

14 Was hat das Mädchen zu Hause vergessen?

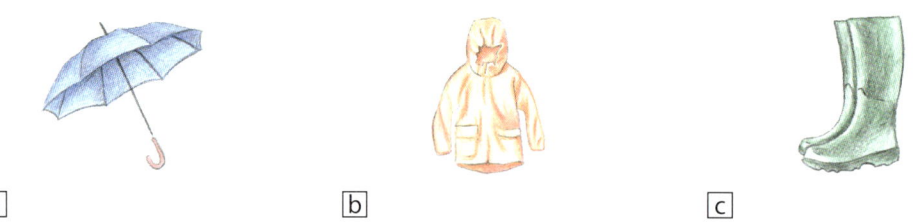

a   b   c

15 Wohin geht der Junge mit seinem Freund?

a   b   c

Hören Teil 4

Du hörst ein Interview. Du hörst den Text zweimal.
Wähle für die Aufgaben 16 bis 20 Ja oder Nein.
Lies jetzt die Aufgaben.

Beispiel

0   Jonas lebt nicht mehr auf dem Land. ~~Ja~~ | Nein

16 Jonas hatte schon immer den Traum, auf dem Land zu leben. Ja | Nein
17 Jonas hat als Kleinkind oft allein gespielt. Ja | Nein
18 Jonas ist vor 10 Jahren in die Stadt gezogen. Ja | Nein
19 Jonas findet, dass Jugendliche in der Stadt mehr Spaß haben als auf dem Land. Ja | Nein
20 Jonas weiß noch nicht, wo er später leben möchte. Ja | Nein

6 Schreiben

Teil 1

Schreiben Teil 1

Du bist am Volleyballplatz neben deiner Schule und schickst deinem Freund Leon eine Textnachricht.

- Schreib, wo du bist und wer noch da ist.
- Frag Leon, ob er Lust auf Volleyball hat.
- Sag, wie lange du Zeit zum Spielen hast.

Schreib 20–30 Wörter.
Schreib zu allen drei Punkten.

Schreiben Teil 2

Dein Klassenlehrer, Herr Siebendorf, hat dich zur Abschiedsparty zum Schuljahresende eingeladen.
Schreib Herrn Siebendorf eine E-Mail:

- Bedanke dich und sag, dass du kommen wirst.
- Frag nach Tag und Uhrzeit der Party.
- Sag, was du mitbringen könntest.

Schreib 30–40 Wörter.
Schreib zu allen drei Punkten.

Sprechen

Teil 1

Sprechen Teil 1

Du bekommst vier Karten und stellst mit diesen Karten vier Fragen.
Dein Partner / Deine Partnerin antwortet. Dann stellt dein Partner / deine Partnerin vier Fragen und du antwortest.

Kandidat/in 1:

Fragen zur Person	*Fragen zur Person*
Fremdsprache(n)?	**Freunde/Freundinnen?**

Fragen zur Person	*Fragen zur Person*
Musik hören?	**Malen?**

Kandidat/in 2:

Fragen zur Person	*Fragen zur Person*
Fernsehen?	**Sommerferien?**

Fragen zur Person	*Fragen zur Person*
Musikinstrument?	**Internet?**

Sprechen Teil 2

Du bekommst eine Karte und erzählst etwas über dein Leben.

Kandidat/in 1:

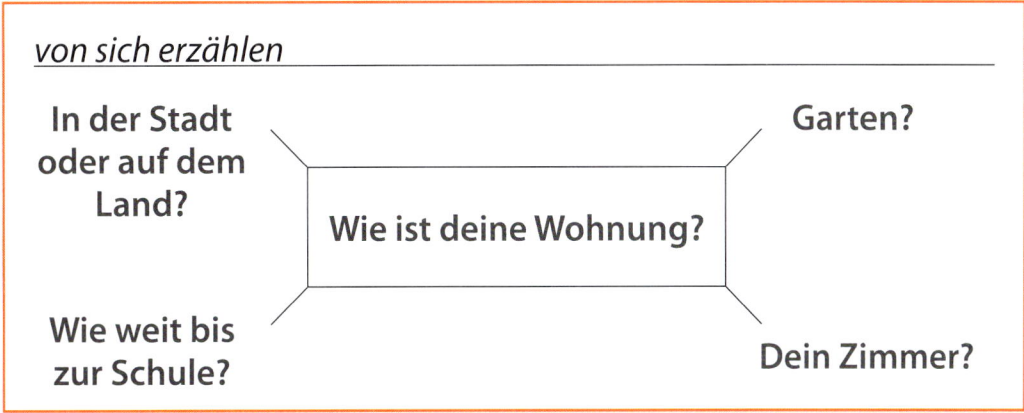

Kandidat/in 2:

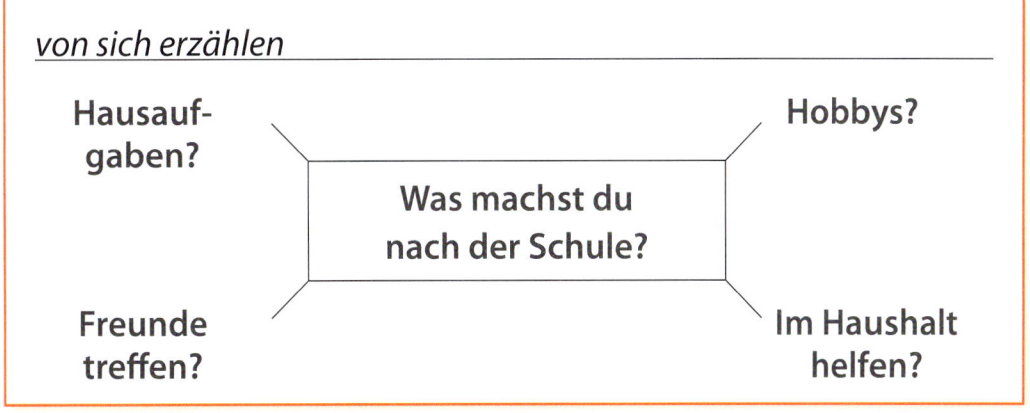

Sprechen Teil 3

Ihr möchtet an eurer Schule einen Weihnachtsbasar organisieren, um Geld für die Klassenfahrt nach Rom am Ende des Schuljahres zu sammeln.

Prüfungsteilnehmer/in A:

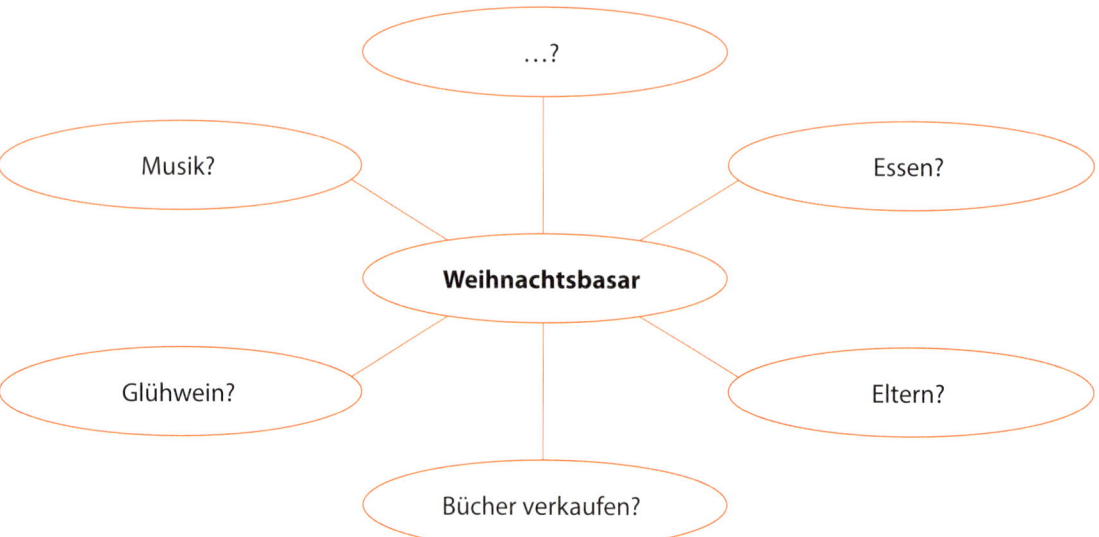

Sprechen Teil 3

Ihr möchtet an eurer Schule einen Weihnachtsbasar organisieren, um Geld für die Klassenfahrt nach Rom am Ende des Schuljahres zu sammeln.

Prüfungsteilnehmer/in B:

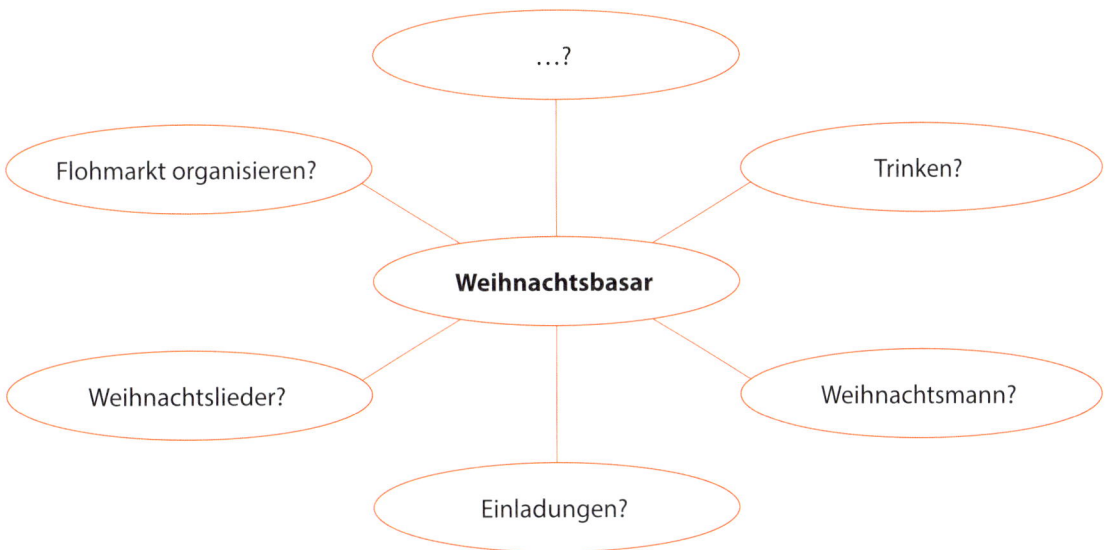

Antwortbogen

Lesen und Hören

Nachname _____ Vorname _____

Lesen

Teil 1 (a, b, c) 1–5
Teil 2 (a, b, c) 6–10

Markieren Sie so: ☒
Nicht so: ⊠ ▫ ✗ • ✓ ◯
Füllen Sie zur Korrektur das Feld aus: ■
Markieren Sie das richtige Feld neu: ☒

Teil 3 (a, b, c) 11–15
Teil 4 (a, b, c, d, e, f, x) 16–20

Punkte Lesen ☐☐ / 2 0

Hören

Teil 1 (a, b, c) 1–5
Teil 2 (a, b, c, d, e, f, g, h, i) 6–10
Teil 3 (a, b, c) 11–15
Teil 4 (Ja, Nein) 16–20

Punkte Hören ☐☐ / 2 0

Teil 1

Teil 2

Bildquellenverzeichnis

S. 10: Shutterstock.com/Rawpixel.com; **S. 23:** stock.adobe.com/cfarmer; **S. 52:** stock.adobe.com/New Africa/New; **S. 59:** stock.adobe.com/Ermolaev Alexandr/Ermolaev; **S. 70:** stock.adobe.com/Tiko; **S. 77:** stock.adobe.com/Thomas Reimer/Thomas; **S. 88:** stock.adobe.com/Anja Greiner Adam/Anja; **S. 95:** stock.adobe.com/yanlev; **S. 106:** stock.adobe.com/Valerii Honcharuk/Valerii; **S. 113:** stock.adobe.com/Thomas Reimer/Thomas; **S. 124:** stock.adobe.com/Antonioguillem; **S. 131:** stock.adobe.com/photophonie